만화로 보는
기후변화의
거의 모든 것

Saison Brune By Phillippe Squarzoni
ⓒ Éditions Delcourt - 2012

Korean translation copyright ⓒ DARUN Publisher, 2015

Published by arrangement with Éditions Delcourt
though Sibylle Books Literary Agency, Seoul

이 책의 한국어판 저작권은 시빌에이전시를 통해 프랑스 Delcourt 출판사와 독점 계약한 다른에 있습니다.
저작권법에 의해 한국 내에서 보호를 받는 저작물이므로 무단 전재 및 무단 복제를 금합니다.

만화로 보는
기후변화의
거의 모든 것

우리는 뜨거운 세계에 살게 될까?
'훨씬 더' 뜨거운 세계에 살게 될까?

필리프 스콰르조니 지음 | 해바라기 프로젝트 옮김

다른

| 일러두기 |

- 이 책의 본문에서는 비교의 편의를 위해 다양한 온실가스의 질량을 모두 '탄소환산톤(TC, ton of Carbon Equivalent)'으로 변환해 표기하고 있습니다. 단, 각주의 최근 통계는 탄소환산톤으로 변환된 수치가 아닙니다. 따라서 본문과 각주의 수치는 단위가 달라 단순 비교가 어렵다는 것을 밝혀둡니다.
- 본문의 각주 및 부록의 용어설명은 국내 독자의 이해를 돕기 위해 옮긴이와 편집자가 덧붙인 글입니다.
- 이 책은 현재 진행되고 있는 지구온난화에 대한 이야기입니다. 따라서 이 책에 인용된 자료 및 언급된 정보는 출간 이후의 통계·분석과 일치하지 않을 수 있습니다.
- 일부 단위와 수치는 원서와 달리 국내에서 주로 쓰이는 단위와 수치로 환산해 실었습니다.

감수의 글

《만화로 보는 기후변화의 거의 모든 것》은 프랑스의 사회참여적 작가 필리프 스콰르조니(Philippe Squarzoni)가 2012년에 출간한 《갈색 계절(Saison Brune)》의 한국어판이다. 그래픽 노블(Graphic Novel), 즉 소설적 구성을 만화라는 그릇에 담아 1인칭 화자의 시점으로 이야기를 풀어나가고 있다. 표제에서 보듯 이 책이 '기후변화에 관한 거의 모든 이야기'를 담고 있다는 것은 결코 과장이 아니다. 490여 쪽에 이르는 방대한 분량의 만화에는 기후의 역사, 기후과학, 기후변화의 정치경제학 등 다양한 분야의 이야기가 등장한다. 따라서 이 책을 끝까지 읽은 사람들은 기후변화의 '불편한 진실'을 일목요연하게 정리한 교과서 한 권을 섭렵했다는 느낌이 들 것이다.

독자들은 책장을 얼마 넘기지 않아 사진첩을 펼친 듯 1970년대 프랑스 교외의 풍경과 사람들을 만나게 된다. 작가의 분신인 주인공이 여자친구와 함께 찾아간 작은 마을의 이름은 빌뇌브 드 베르주이다. 마을 어귀에서 철교 밑을 지나 포도나무 사이로 난 길을 쭉 따라가면 르샤드라고 이름 붙인 이층 석조가옥이 나온다. 주인공은 이 집에서 풀밭 위를 뒹굴고 뽕나무 열매를 따 먹으며 어린 시절을 보냈다. "나는 정원에서 마지막 부활절 달걀을 찾았다. 나뭇가지와 아몬드에 서리가 하얗게 내려 있었다."는 독백은, 기후변화가 몰고 올 암울한 미래와 대비되면서 생채기 나지 않은 자연에 대한 강렬한 향수를 불러일으킨다.

저자의 문제의식은 '기후변화의 종착역은 결국 문명의 파국'이라는 명제에서 출발한다. 지구의 역사에서 생명계의 대량 멸종사태는 현생누대(고생대 캄브리아기 이후의 시대)에만 모두 다섯 차례 있었다. 하지만 그것은 모두 인류가 지구상에 출현하기 이전의 일이다. 인류의 문명사에서 지구생태계의 존속을 위협할 만한 사태는 오늘날을 제외하고 단 한 차례도 없었다. 그러나 한편으로는 역사 속에서 명멸했던 문명의 흥망성쇠에 결정적인 영향을 미친 것은 바로 '기후'라는 학계의 주장도 설득력을 얻고 있다. 수렵문화에서 농경문화로의 이행, 로마제국과 마야문명의 붕괴, 명나라의 멸망, 그린

란드 바이킹의 몰락, 앙코르와트 문명의 비극 등 기후변화가 개별 문명의 운명에 영향을 미친 궤적에 대한 연구는 최근 들어 늘어나는 추세다.

우리나라에서도 일부 학자들이 조선왕조실록을 근거로 고려 멸망과 조선 건국의 직접적인 원인이 고려 말기 악화되었던 기후 때문이라는 주장을 펼치고 있다. 두 왕조의 분기점인 위화도 회군은 사전에 계획되었던 것이라기보다 장맛비에 의해 우발적으로 벌어진 사건이었다는 것이다. 발해의 전성기는 중국의 분열과 함께 기온이 상승하면서 농업생산성이 괄목할 만큼 향상되었던 시기였다는 견해도 있다. 이 책의 주인공도 같은 생각이다. 그는 이렇게 말한다. "지난 100만 년을 돌이켜 보면 한 가지 확실한 사실이 있다. 문명은 안정된 기후 위에 세워진다."

최근 IPCC(기후변화에 관한 정부 간 협의체)가 발표한 제5차 평가보고서는, 대기권의 온실가스 농도가 지난 80만 년 중 최고 수준에 도달했다고 경고했다. 과학자들이 제시한 '탄소예산(carbon budget)'에 따르면, 지구의 기온이 산업화 이전보다 2℃ 이상 상승하는 사태를 막기 위해서는 온실가스 누적배출량을 2조 9,000억 톤으로 제한해야 한다. 2011년까지 이 양의 3분의 2에 해당하는 1조 9,000억 톤을 이미 써버렸기 때문에 남아 있는 양은 1조 톤이다. 현재의 온실가스 배출 추세가 지속될 경우 탄소예산이 바닥나는 시기는 2040년경으로 추정된다. 다시 말해서 우리가 기후변화에 제동을 걸 수 있는 시간은 앞으로 길어야 30년 정도인 셈이다.

이렇듯 상황이 절박하지만 국제사회의 행동은 더디기만 하다. 지구온난화의 책임을 무겁게 받아들여야 할 나라들이 국가이기주의의 덫에서 벗어나지 못하고 있기 때문이다. 기후변화협상의 진전을 가로막는 가장 큰 걸림돌은 기후변화에 대한 책임과 부담을 국가 간에 어떻게 공정하게 배분할 것인가 하는 문제다. 개발도상국들은 산업화 과정에서 온실가스를 마구 내뿜어온 선진국들이 기후변화에 책임을 져야 한다고 주장한다. 반면 미국, 러시아, 일본, 캐나다 등의 선진국들은 유엔기후변화협약(UNFCCC)이 체결된 20여 년 전과 지금은 사정이 완전히 달라졌다는 논리를 편다. 중국과 인도 등의 온실가스 배출량이 가파르게 증가했기 때문에 선진국들만의 감축으로는 기후변화에 효과적으로 대처할 수 없다는 것이다.

기후변화에 따른 피해는 산업화의 기회조차 갖지 못해 가난에 시달리고 있는 아프리카, 중앙아메리카, 남아시아의 개발도상국에 집중되고 있다. 대표적인 국가는 방글라데시, 파키스탄, 온두라스, 아이티, 미얀마 등이다. 물론 선진국이라고 해서 기후변화의 영향으로부터 자유로운 것은 아니다.

하지만 차이는 그것을 감당할 수 있는 능력이 있는가 없는가에 있다. 개발도상국들은 온실가스 감축에 필요한 재정과 기술이 부족하고, 기후변화로 인한 피해를 줄일 수 있는 사회적 역량도 부실하다. 어떤 국가들은 온실가스 배출규제가 가난한 국가의 발전 기회를 박탈할 수도 있다는 점을 우려한다.

또한 기후변화로 인한 피해는 한 국가 내에서도 어린이, 여성, 고령자를 비롯해 사회적으로 고립된 빈곤층에게 가장 먼저 발생한다. 2003년 유럽 8개국에서 7만여 명이 사망했던 폭염의 희생자는 대부분 65세 이상의 가난하고 힘없는 독거노인이었다. 2005년 미국 뉴올리언스 주를 강타했던 허리케인 카트리나는 "매우 인종적이고 성차별적인" 재난이었다는 것이 미국 사회학자들의 분석이다. 피해가 가난한 흑인 여성들에게 집중되었기 때문이다.

그뿐만이 아니다. 온실가스 배출을 줄여나가는 과정에서 발생하는 경제적 부담이 가난한 사람들에게 불평등한 형태로 전가될 가능성도 있다. 또한 산업구조가 바뀌면서 수많은 사람이 일자리를 잃을 수 있다. 이것은 기후변화에 '책임'과 '기회'라는 양극화 문제가 뒤따른다는 것을 보여준다. 이 책에 등장하는 한 전문가는 이렇게 말한다. "(과소비와 낭비를 막아야 합니다.) 생태계 위기를 막기 위해서는 소비가 감소돼야 하니까요. 지금처럼 불평등이 극도로 심화한 상황에서 최저임금을 받는 사람들에게 소비를 줄이라고 요구할 수 없거든요."

이 책이 더욱 흥미로운 이유는 원자력발전과 탄소배출권거래제처럼 만만치 않은 논쟁거리들을 정면으로 다루고 있기 때문이다. 저자는 프랑스가 전기의 75%를 원자력발전으로 생산하지만 원자력을 이용하지 않는 주변의 유럽국가들보다 석유소비량이 더 많다는 점을 들어 "원자력이 석유의존도를 낮춘다는 것은 말도 안 되는 이야기"라고 일축한다.

사실 원자력이 기후변화의 대안이라는 일각의 주장은 국제사회의 흐름과 배치되는 것이다. 유엔기후변화협약은 원자력을 온실가스 감축수단으로 인정하지 않고 있다. 기후변화에 맞서는 일이 아무리 시급하다 해도 문명의 또 다른 위기를 부를 수 있는 핵에너지는 그 대안이 될 수 없다는 공감대 때문이다. 이것은 재생에너지인 바이오연료의 이용을 늘리겠다고 숲과 원주민의 삶을 파괴하는 비윤리적인 행위가 허용될 수 없는 이치와 같다.

이 책의 저자는 탄소배출권거래제에 대해서도 비판적인 시각을 드러낸다. 배출권 거래시장은 투기시장으로 변모할 수 있으며, 금융메커니즘이 기후규제 분야로도 확산될 수 있다는 점을 우려해서다. 탄소배출권거래제가 만병통치약이 아닌 것은 분명한 사실이다. 기업의 탄소 배출량을 제한해 효과적으로 온실가스를 줄이려는 수단이지만, 어떻게 쓰느냐에 따라 약이 될 수도 독이 될 수도 있다. 성패는 배출권이 엄격하게 할당될지 여부에 좌우될 것이다. 즉 정부가 기업의 압력이나 로비에 휘둘리지 않는 것이 성공의 첫째 조건이라는 뜻이다. 우리나라의 경우 탄소배출권거래제로 온실가스를 과감히 줄이겠다는 계획은 이미 물 건너 간 것으로 보인다. 최근 우리 정부가 기업의 부담을 줄여준다는 명목으로 원래보다 수천 만 톤이나 더 많은 배출권을 할당했기 때문이다.

우리나라에서 2015년 1월부터 시행되는 탄소배출권거래제는, 정부가 개별 기업들에게 부여한 온실가스 배출 할당량 범위 내에서 기업들이 배출권을 사고 팔 수 있도록 하는 제도다. 감축을 열심히 해서 정부가 할당한 양보다 온실가스를 적게 배출한 기업은 남은 배출권을 다른 기업에게 팔 수 있지만, 반대로 감축을 게을리해서 할당량을 초과한 기업은 부족분을 다른 기업으로부터 사들여야 한다. 현재 유럽의 31개국, 미국의 캘리포니아 주와 동부 9개 주, 일본의 도쿄도 등 3개 지자체, 중국의 베이징, 상하이, 선전(심천) 등을 비롯한 7개 성(省)에서 시행하고 있다.

현재 우리나라의 온실가스 배출량은 세계 7위다. 증가 속도는 경제협력개발기구(OECD) 회원국 가운데 가장 빠르다. 탄소배출권거래제 대상 기업이 전체 온실가스 배출량의 80% 이상을 차지한다. 우리나라가 국제사회에 약속한 감축목표는 2020년까지 5억 4,300만 톤으로 배출량을 줄이겠다는 것이었다. 하지만 2012년 온실가스 배출량은 감축목표량보다 무려 27%나 많은 6억 8,830만 톤이었다. 우리는 이미 '탄소 비만'에 걸려 있다. 국제사회의 신뢰를 잃지 않으려면 몇 년간 허리띠를 바짝 졸라매고 '탄소 다이어트'에 돌입해야 한다.

빅 애스크(Big Ask)는 이러한 현실에 주목해 시작된 전 지구적인 운동이다. '큰 요구'라는 뜻의 이 캠페인은 '국민이 발의하는 기후변화법 제정'을 목표로 한다. "기후변화법을 만들어 사람들이 법을 지키게 하자. 그래서 법이 기후를 지키게 하자."라는 슬로건을 내걸고 있다. 우리나라에서도 현재 빅 애스크 운동이 진행 중이다. 시민들의 의견을 모아 법의 초안을 만들고 약 4만 5,000명의 지지 서명을 국회에 전달, 2014년 11월 5일 국회의원 62명의 이름으로 발의되었다. 이 운동의 시작은 지금의 법과 제도로는 기후변화를 막기 위해 우리가 마땅히 져야 할 책임을 다할 수 없다는 절박한 문제의식에서 비롯되었다. 이 법이 통과되면 우리는 '아래로부터 시작된, 지구 구하기'의 새로운 역사를 쓰게 될 것이다.

이 책에서 말하듯 자연의 시간과 인간의 시간은 다르다. 사막화, 빙하의 융해, 해수면 상승 같은 현상은 수십 년에 걸쳐 서서히 진행된다. 그러므로 우리는 일상에서 아무것도 보지 못한다. 하지만 보이지 않는다고 해서 실체가 없는 것은 아니다. 기후변화가 진행될수록 '만인에 대한 만인의 투쟁'이 격화될지도 모른다. 임계점을 넘어서면, 우리는 문명의 붕괴를 경험하게 될 수도 있다. 하지만 자연과의 공존궤도에서 이탈한 우리에게 출구가 전혀 없진 않을 것이다. 자연의 주기를 바꾼 것은 바로 우리이기 때문에 기후변화를 막을 힘도 우리에게 있다는 희망의 끈을 놓지 말아야 한다.

삶이 위기에 처할수록 인류 문명의 운명은 우리가 서로에게 손을 내밀 수 있는지, 그 '연대의식'에 달려 있는지도 모른다. 이 책은 "사회불균형이 더욱 심해지고 환경위기가 깊어질 때 연대주의를 되짚어 보라."고 조언하고 있다. 나아가 "생산제일주의 체제에서 자연의 균형을 존중하는 체제로 이행하는 것이 인류의 복지증진을 포기하라는 의미는 아니"라고 강조한다.

기후변화가 우리의 삶에 주는 의미를 찾아 나선 사람들, 특히 미래의 주인인 청소년들에게 이 책의 일독을 권하고 싶다.

안병옥(기후변화행동연구소 소장)

차례

감수의글   005
등장인물_기후문제 전문가   012
프롤로그   015

1 지구, 위기를 선언하다   027
이상기후의 폭격

2 밤의 도래   085
기후변화 예측 시나리오

3 욕망의 수레바퀴   153
지구온난화, 막을 수 있을까?

4 혼돈의 미래   239
기후변화가 몰고 올 재앙들

5 풍요의 시대가 끝난다   311
대안 에너지

6 개인, 사회 그리고 환경   407
끝나지 않은 이야기

에필로그   481
용어설명   490
찾아보기   492
관련기관 사이트   495

등장인물 _ 기후문제 전문가

장 주젤 Jean Jouzel

저명한 기후학자로, 기후·환경과학연구소(LSCE)의 소장이며 미국지구물리학회(AGU)와 국제빙하협회(IGS)의 회원이다. 1995년부터 프랑스원자력위원회(CEA)의 연구소장을 맡고 있다. 20년 넘게 IPCC에서 활동하고 있으며, 제2차·제3차 평가보고서에 참여했다. 1968년에 극지방 빙하표본 연구를 진행한 이후로 인류의 활동이 기후에 어떤 악영향을 미치는지 대중에게 알리기 위해 앞장서 왔다. 이러한 노력으로 2007년에 환경운동가 앨 고어(Al Gore)와 더불어 IPCC는 노벨평화상을 받았다. 250여 종에 달하는 저작물을 출간했으며, 대표적인 작품으로 《지구백서: 빙하, 기후, 그리고 환경》 등이 있다.

에르베 르트루 Hervé Le Treut

기후학자. 지구와 태양계를 연구하는 피에르시몬라플라스연구소(IPSL)의 소장이며, 세계기후연구프로그램(WCRP)의 일원이다. IPCC의 제4차·제5차 평가보고서에 주요 저자로 참여했다.

스테판 알르가트 Stéphane Hallegatte

기후학자이자 엔지니어이며, 세계은행(World Bank)의 지속가능발전네트워크 수석 경제학자다. 거시경제학, 녹색성장전략, 도시환경정책, 기후변화의 취약성과 적응, 재해위험관리학의 전문가이기도 하다. 2012년 IPCC 특별보고서와 제5차 평가보고서에 참여했다.

주느비에브 아잠 Geneviève Azam

경제학자. 환경과 경제 그리고 사회의 상관관계를 연구한다. 국제금융거래세(Tobin's tax) 도입을 위한 국제금융관세연대 아탁(ATTAC)의 학술고문이기도 하다.

엘렌 가생 Hélène Gassin

환경관리 전문가. 《So watt? 에너지: 시민의 문제》의 공동저자. 프랑스에너지조정위원회(CRE)의 위원. 국제환경보호단체인 그린피스(Greenpeace)에서 국제협상가들을 감시하기도 했다.

장마리 아리베 Jean-Marie Harribey

경제학자. 사회보장과 지속가능발전 분야의 전문가다. 2006~2009년까지 아탁의 공동대표를 지냈고, 현재는 아탁 과학위원회의 위원이다.

에르베 캥프 Hervé Kempf

저널리스트. 프랑스 일간지 〈르몽드(Le Monde)〉에서 환경문제에 관한 글을 전문적으로 기고한다.

베르나르 라퐁슈 Bernard Laponche

핵물리학자. 프랑스원자력위원회의 엔지니어이자, 프랑스의 환경에너지관리청(ADEME)의 총책임자를 맡고 있다.

르네 파세 René Passet

소르본 대학의 경제학 교수로 환경과 발전분야의 전문가다.

프롤로그

책 속에서 이야기가 시작되는 방법은 여러 가지입니다.

영화나

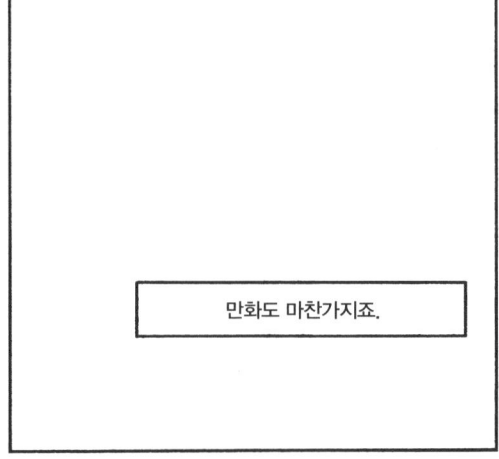

만화도 마찬가지죠.

유독 인상 깊었던 작품들이 떠오르네요.

그중에는 유명한 작품도 있고,

"카르타고 교외의 메가라에 있는 하밀카르 정원에서 일어난 일이다."*

* 귀스타브 플로베르의 《살람보》 중.

그렇지 않은 작품도 있습니다.

"워터멜론 슈가에서는 여러 가지 일이 또다시 펼쳐졌다. 지금 내 삶이 워터멜론 슈가에서 펼쳐지고 있는 것처럼."

도입부가 인상적이면

처음부터 작품 속에 완전히 빨려들게 됩니다.

작품 전체에 하나의 빛깔을 은은히 녹아들게 하고

독자들의 마음에 흔적을 남기죠.

기억나네요.

〈피터 팬〉의 도입부가…….

카메라는 런던의 밤하늘을 춤추듯 유람했습니다.

지붕들, 어둠에 잠긴 지붕들을 비추었죠.

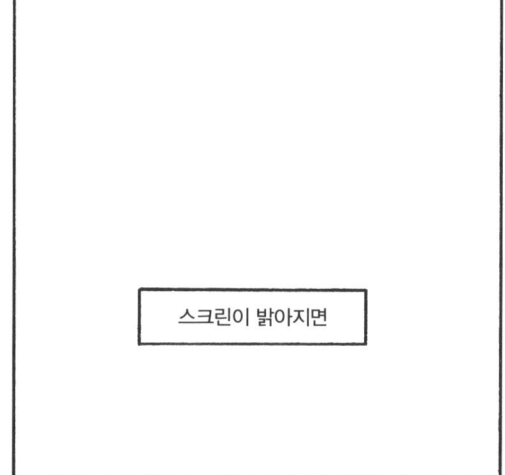

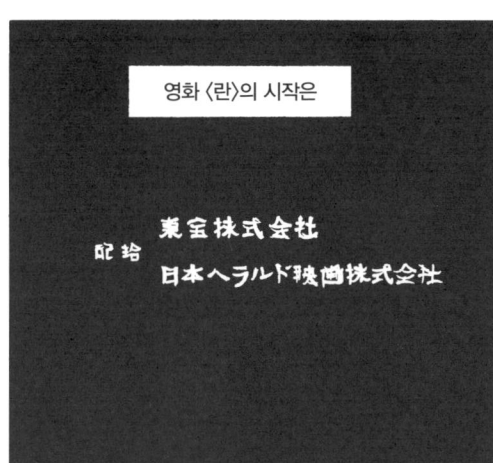

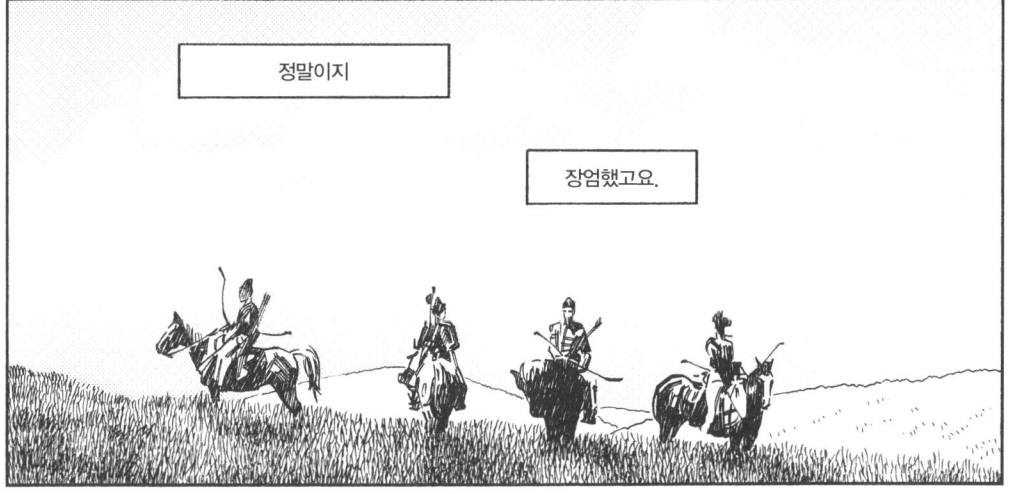

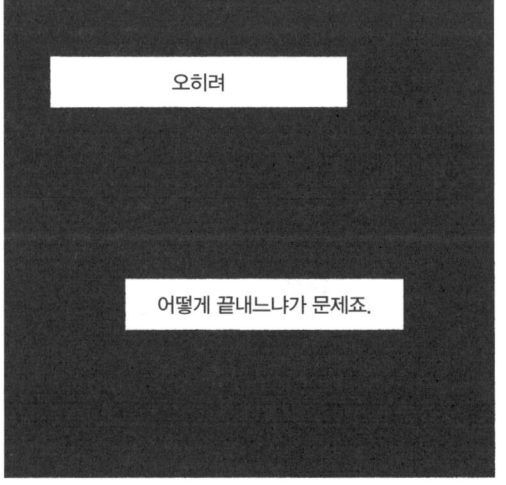

1 지구, 위기를 선언하다
이상기후의 폭격

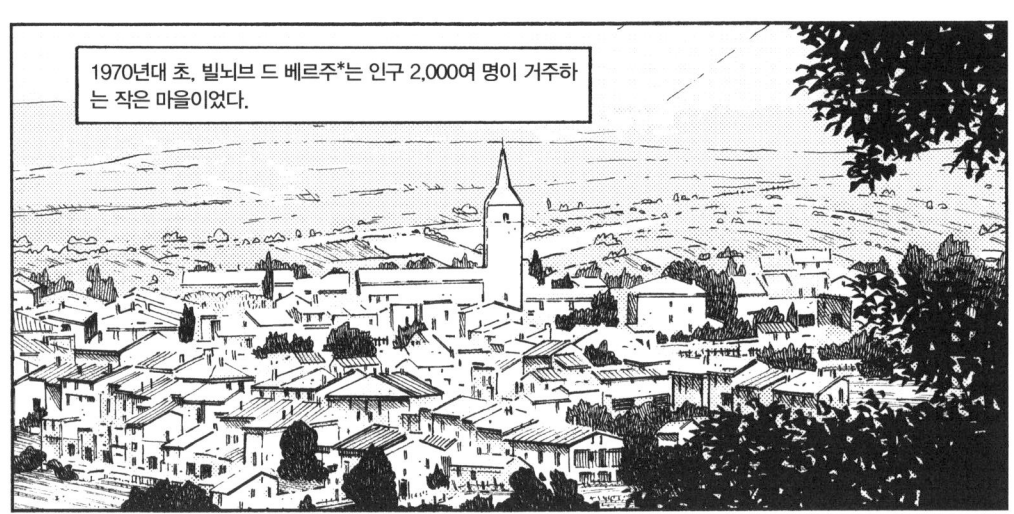

* 프랑스 남동부 론알프 주에 위치.

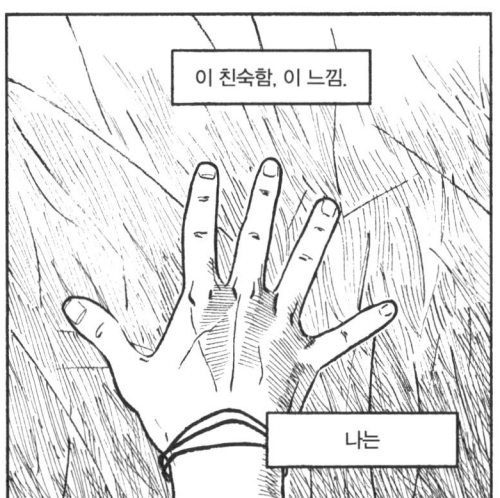

우리는 카미유 부모님의 별장에서 여름휴가를 보내기로 했다.

나는 《기만》이라는 작품의 마무리 작업을 하고 있다. 《기만》은 시라크* 정부의 자유주의 정책을 정리한 작품이다.

이 작품을 쓰는 데 지금까지 거의 2년이 걸렸다. 하지만 아직 라파랭**과 드빌팽*** 내각의 환경주의 정책에 대한 내용이 남아 있다.

나는 그전까지 환경문제에 대해 잘 몰랐다. 무작정 뛰어들었다.

결론인 즉, 시라크 정부는 영 신통치 않았다.

* **자크 시라크** 제22대 프랑스 대통령. 총 12년(1995~2007)간 대통령직 수행.　** **장피에르 라파랭** 프랑스 제17대(2002~2005) 국무총리.
*** **도미니크 갈루조 드빌팽** 프랑스 제18대(2005~2007) 국무총리.

시라크 정부 초임 때 보수진영은 환경문제에 별다른 관심이 없었다.

시라크 대통령도 환경문제에 관심 있는 인물이 아니었다. 마르크 앙브와즈 랑뒤*가 이야기한 바와 같이, 대통령직에 당선되기 전까지 그의 30년간 정치활동을 살펴보면 환경문제에 관해 별다른 특이점을 찾아볼 수 없다.

시라크 대통령은 1976년부터 정치적 동반자로 함께해 온 알랭 쥐페를 국무총리로 임명했다. 그런데 그는 총리직을 수행하는 내내 환경부를 최대한 멀리했다.

보수진영과 진보진영이 동거정부를 구성한 1997~2001년에도 별반 다르지 않았다. 재무부 장관은 환경부 장관의 제안을 상습적으로 차단했다.

더욱이 조스팽** 총리와 외무부 장관 장 베드린은 환경부 장관 도미니크 부아네가 합의한 교토의정서를 무시했다.

심지어 2002년의 '기후변화에 대항하기 위한 국가적 사업'은 겨우 10%만이 승인됐다.

* **마르크 앙브와즈 랑뒤** 기자 출신의 환경운동가.
** **리오넬 조스팽** 프랑스 제16대(1997~2002) 국무총리.

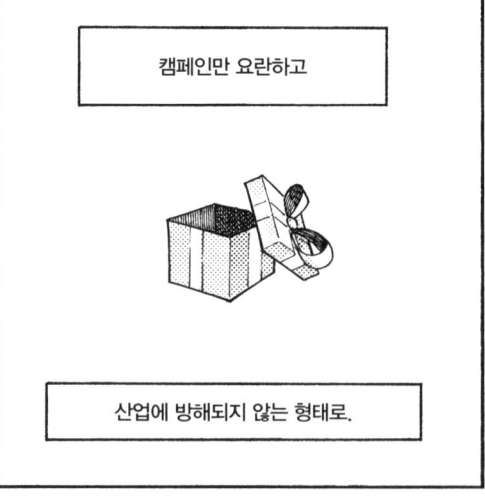

* 2002년 프랑스 대선을 앞두고 공화국연합(RPR)을 중심으로 탄생한 보수진영 연합정당.

한편 유럽연합(EU)에서는 교토의정서를 이행하고자 산업시설에서의 이산화탄소 배출 감축을 위한 탄소배출권거래제를 시행했다.*

총 1만 2,000개의 산업시설에 배출 할당량이 정해졌다. 유럽 각국은 초과한 양의 배출권을 다른 나라로부터 사들이지 않기 위해 이산화탄소 배출량을 의무적으로 줄여야 했다.**

탄소배출권거래제의 시행 목적을 달성하기 위해서는 각국에 할당된 배출량이 적어야 하며, 배출권의 거래가격은 높아야 한다.

영국은 기업을 엄격히 규제했다.

하지만 몇몇 국가는 자국의 산업을 보호하기 위해 이웃국가보다 배출 할당량을 많이 받으려 했다.

2005년부터 2007년 사이의 프랑스는 가장 위선적인 국가였다.

전해 배출량의 12%가 넘는 초과 배출권을 주변국에서 마구 사들여 1,075개 산업시설에 분배했다.

유럽위원회(EC)에서는 탄소배출권거래제의 존속 자체를 위협하는 치졸한 꼼수를 부린 프랑스에 강제로 새로운 제도를 만들게 하여 다음 기간부터 적용했다.

* 유럽연합은 2005년에 시행했으며, 우리나라는 2015년부터 기업을 대상으로 시행할 예정이다.
** 할당량보다 적게 배출했을 경우 남은 배출권을 다른 국가에 매각할 수 있다.

결국 시라크 정권은 밑그림만 그럴듯하게 그렸다.

환경문제에 대한 시라크 정권의 태도는 공약이었던 '사회적 분열' 정책과도 같았다. 한마디로 '엉터리'였다.

시라크는 집권 내내 환경문제와 관련해 많은 이야기를 했다. 하지만 정작 자신은 아무것도 하지 않은 채 다른 이에게 강요하기만 했다.

그 때문에 프랑스의 환경문제는 5년간 계속 악화했다.

이산화탄소 배출증가, 에너지낭비, 오염, 동식물멸종…….

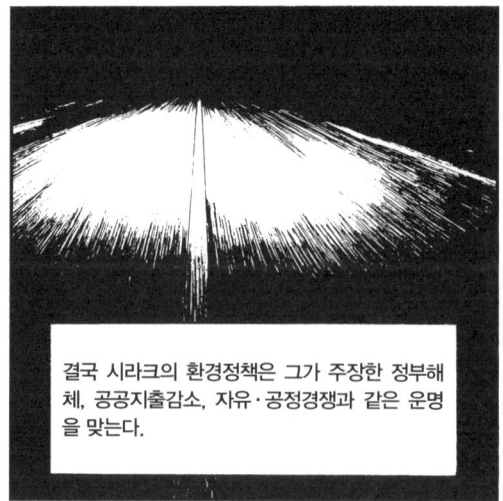

결국 시라크의 환경정책은 그가 주장한 정부해체, 공공지출감소, 자유·공정경쟁과 같은 운명을 맞는다.

1971~1977년.
어느 날 아침, 학교에 가지 않는 날이었다.

우리 가족은 함께 산책을 했다.

길가에는 라벤더가 피어 있었고 꿀벌이 날아다녔다.

나는 호호 불어가며 따끈따끈한 우유를 마셨다.

설탕 뿌린 딸기와

점심에는 크레이프를 잔뜩 먹었다.

고르가 채소밭에서 새끼 토끼들이 우글거리는 굴을 발견했다.

어미 토끼는 죽어 있었다.

나는 아버지께 뛰어갔다.

그저 조금 더 알고 싶은 것뿐이다.

지구는 46억 년 전에 탄생했다.

지구의 기후는 복잡하고 유동적인 시스템으로 이루어져 있다. 늘 일정했던 것이 아니라 시간의 흐름에 따라 변화했다.

기후는 문명의 탄생과 몰락에 이바지해 왔다.

지난 100만 년 동안 지구의 기후는 태양에너지의 양을 결정짓는 세 요소의 변화에 따라 바뀌었다.

지구의 공전궤도 변화는 약 10만 년, 지축의 변화는 약 4만 년, 세차운동으로 북반구와 남반구의 계절이 바뀌는 현상은 약 1만 3,000년마다 일어난다.

이 때문에 현재 우리가 사는 신생대 제4기의 기후변화 주기가 형성되었다.

신생대 제4기 기후변화 주기의 특징은, 10만 년마다 빙기가 찾아오며

따뜻한 간빙기가 번갈아가며 나타난다는 점이다.

적어도 100만 년 전부터 빙기와 간빙기가 있었다. 그때마다 매번 지구의 지형에 엄청난 변화가 일어났다.*

* 지금까지 4번의 빙기(빙하기)와 3번의 간빙기가 있었다.

* 영국 남동쪽과 프랑스 북서쪽 사이의 해협.

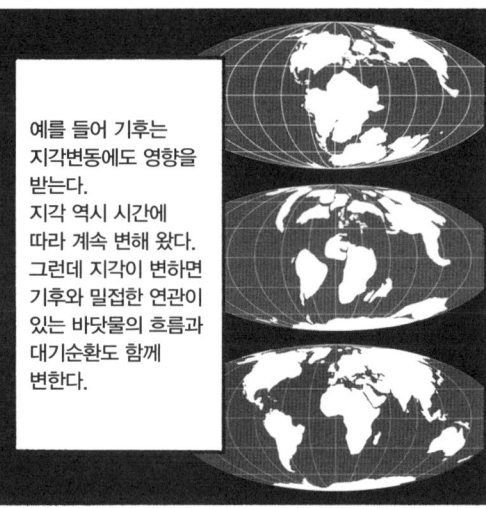

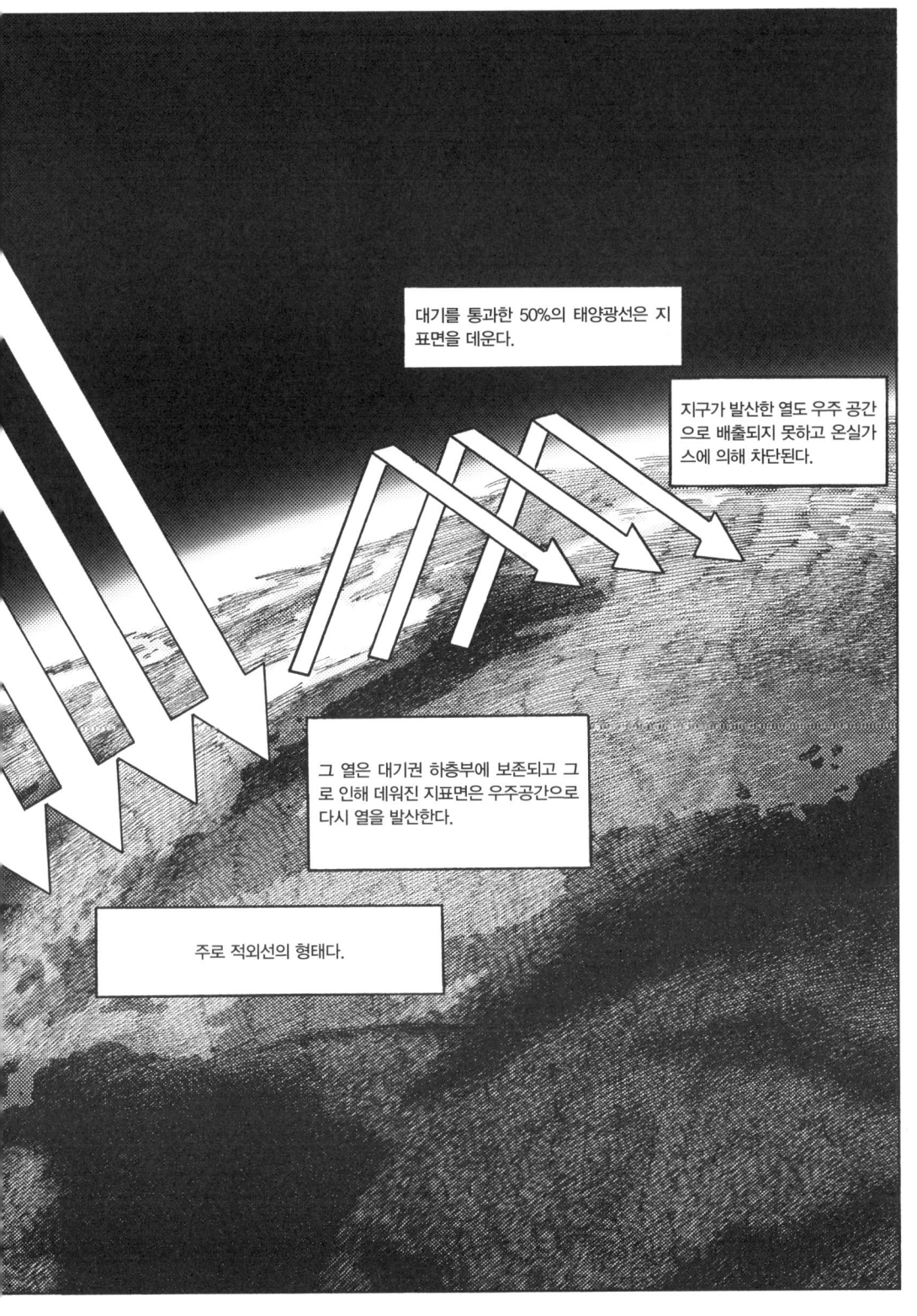

지구가 발산하는 열을 일부 차단하는 온실효과는 지극히 자연적인 현상이다. 온실효과로 인해 지구는 평균 기온을 15℃로 유지할 수 있고, 여러 생명체가 살아갈 수 있다.

만약 온실효과가 없다면 지구의 평균 기온은 영하 18℃까지 내려갈 것이다. 이 상태에서 물은 액체 상태를 유지할 수 없고 생명체 또한 존속할 수 없다.

대기가 희박한 화성의 온도는 영하 63℃다.

반면에 대기의 95%가 이산화탄소인 금성의 온도는 400℃다.

지구의 대기 중 온실가스가 차지하는 비중은 매우 적다. 그럼에도 지구의 기온을 좌지우지할 만큼 중요한 역할을 하고 있다.

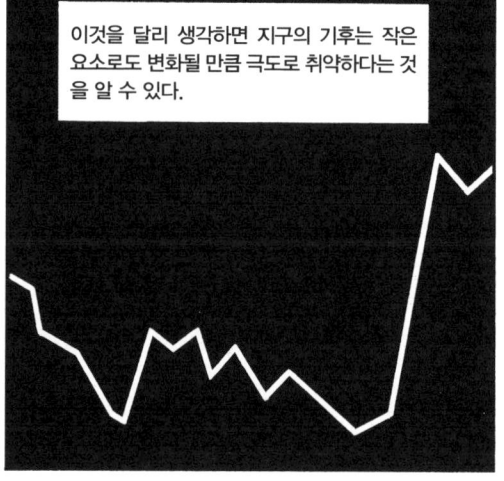

이것을 달리 생각하면 지구의 기후는 작은 요소로도 변화될 만큼 극도로 취약하다는 것을 알 수 있다.

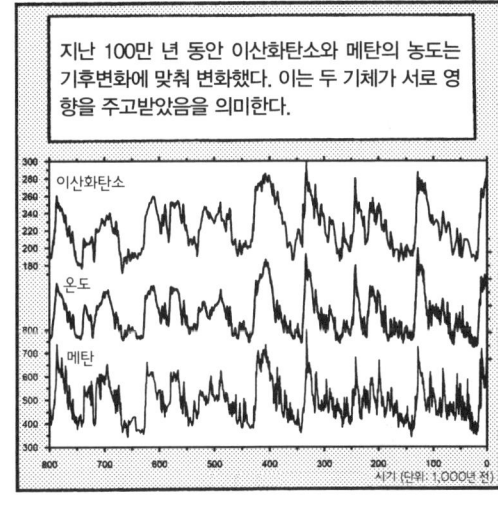
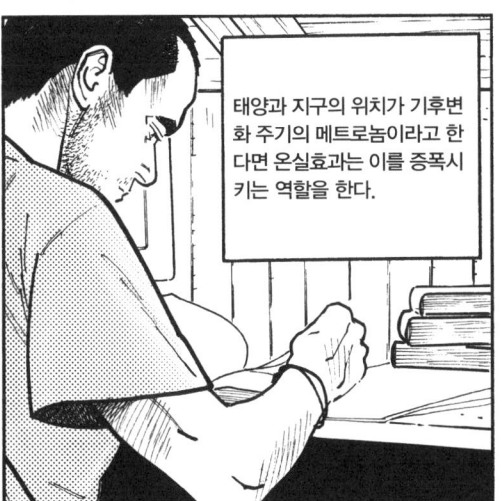
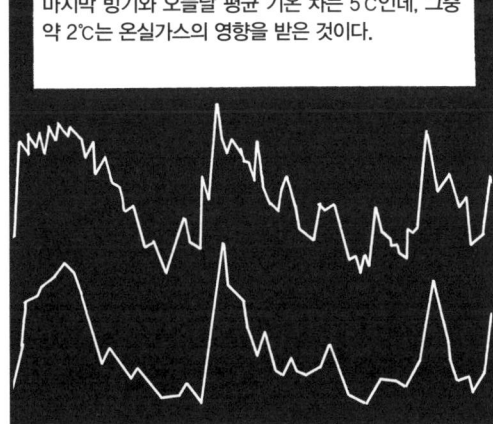

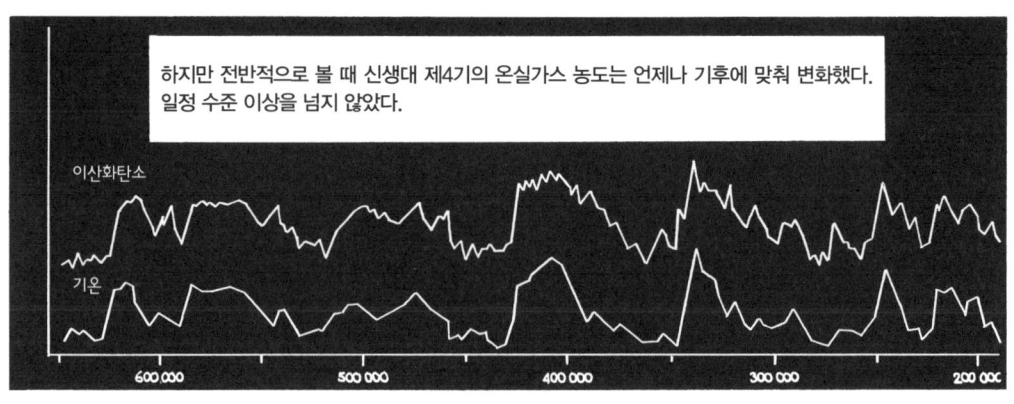

하지만 전반적으로 볼 때 신생대 제4기의 온실가스 농도는 언제나 기후에 맞춰 변화했다. 일정 수준 이상을 넘지 않았다.

더불어 극지방 빙하 분석을 통해 수십만 년 전부터 대기 중 온실가스의 양이 안정됐음이 밝혀졌다.

80만 년 전부터 이산화탄소의 농도는 300ppmv*를 넘지 않았다.

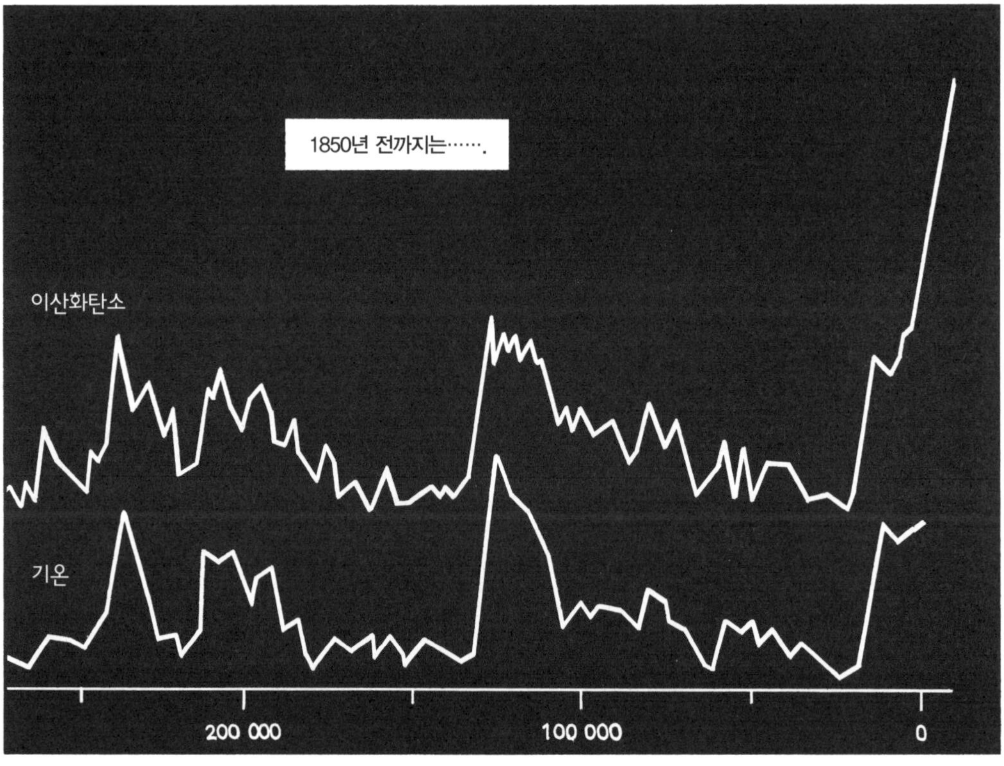

1850년 전까지는…….

* 'ppm'은 'part per million'을, 'v'는 '부피(volume)'를 뜻한다. 즉 ppmv는 용적비 100만 분의 1.

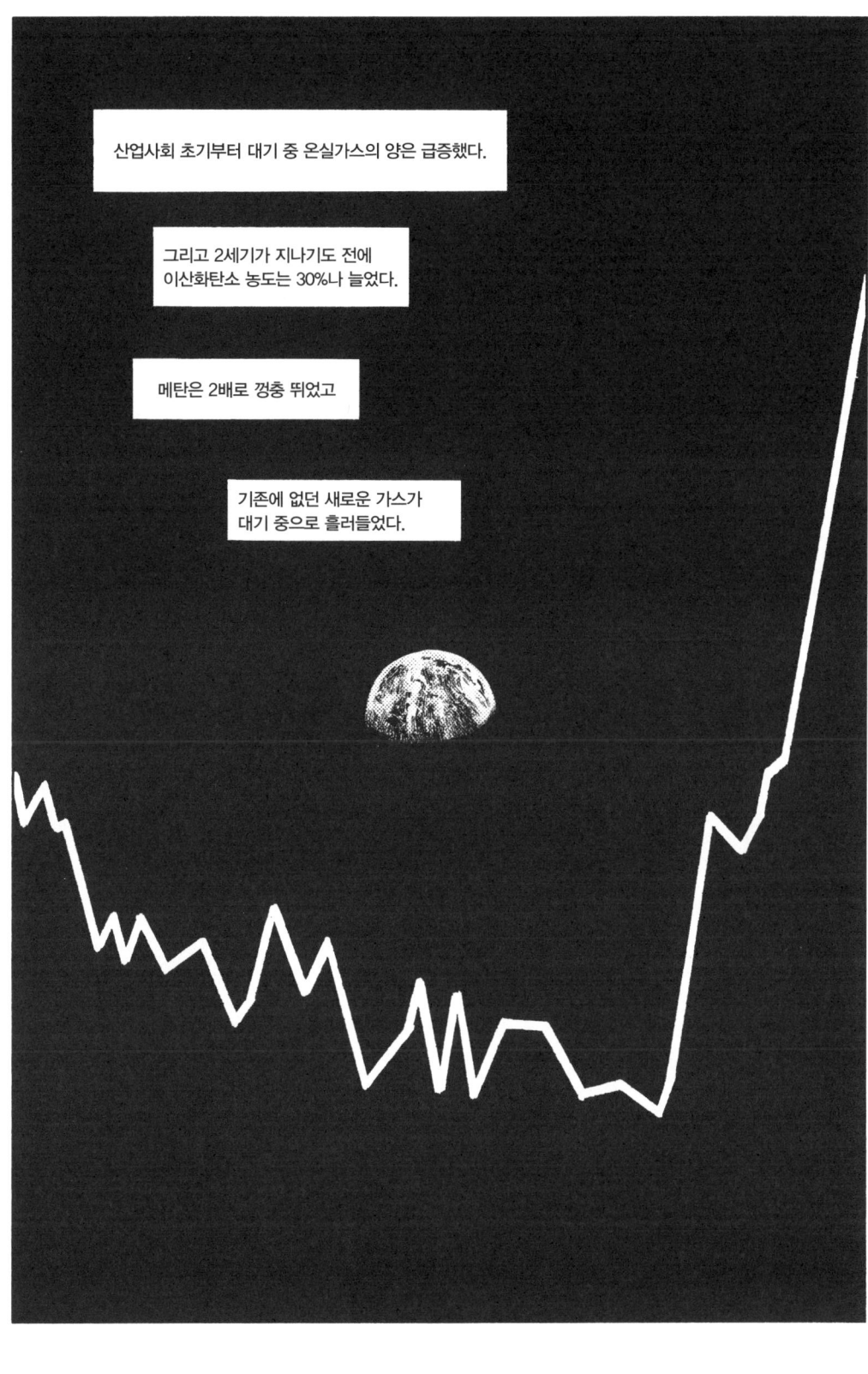

수증기는 가장 대표적인 온실가스다.

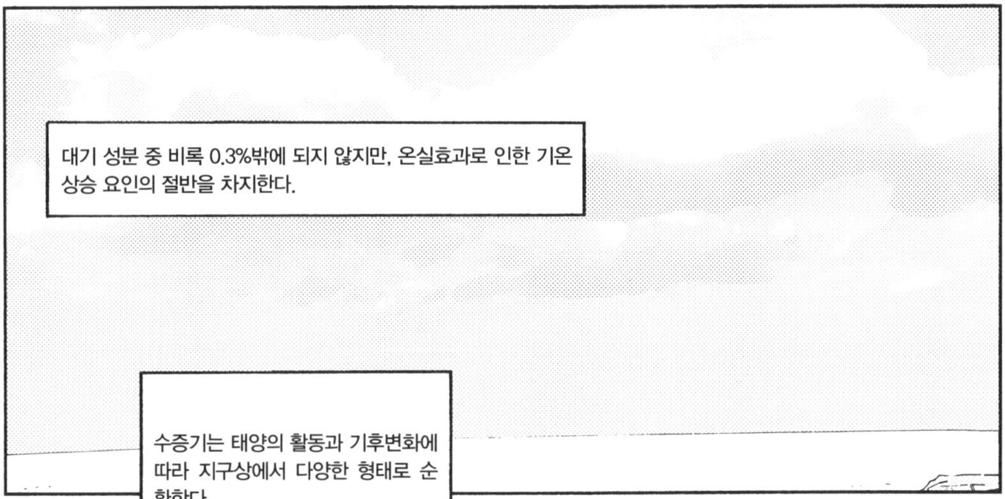

대기 성분 중 비록 0.3%밖에 되지 않지만, 온실효과로 인한 기온 상승 요인의 절반을 차지한다.

수증기는 태양의 활동과 기후변화에 따라 지구상에서 다양한 형태로 순환한다.

호수와 강·바다의 액체, 빙하의 고체 그리고 대기 중의 기체.

온실효과에 두 번째로 영향을 미치는 것은 이산화탄소다.

이산화탄소는 대기 중에서 0.038%(380ppmv)를 차지한다.

이산화탄소는 탄소의 순환과정에서 발생한다.

탄소는 조직세포의 기본 요소로 생명체와 식물 그리고 부식토에 존재한다. 바다에서는 물속에 용해돼 있고 대기 중에서는 탄산가스의 형태로 있다.

대기, 바다, 땅은 수십 억 톤의 탄소를 다양한 형태로 흡수하고 배출한다.

탄소는 미생물의 분해과정이나 동물·인간의 호흡을 통해 이산화탄소의 형태로 대기 중에 배출된다.

반면 식물은 광합성을 통해 이산화탄소를 흡수한다.

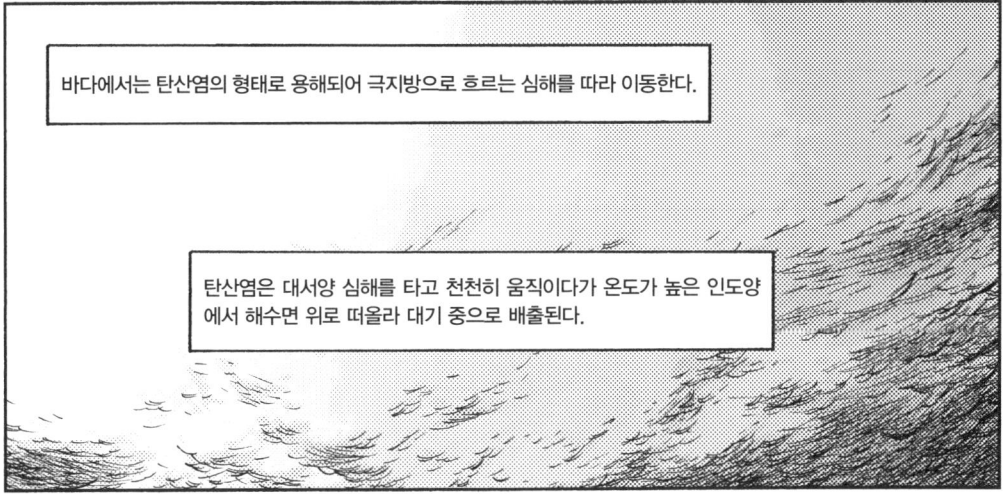

바다에서는 탄산염의 형태로 용해되어 극지방으로 흐르는 심해를 따라 이동한다.

탄산염은 대서양 심해를 타고 천천히 움직이다가 온도가 높은 인도양에서 해수면 위로 떠올라 대기 중으로 배출된다.

결국 자연 속에서 이산화탄소의 흡수와 배출은

대기와 바다, 땅 그리고 동식물의 순환 체계 안에서 균형을 이룬다.

빙하 연구는 우리에게 40만 년 전의 기후까지 보여준다. 과거 대기 중 이산화탄소 농도는 200~280ppmv 사이로 약간 차이가 있었으나, 1만 년 전부터 270ppmv 수준으로 안정됐다.

하지만 산업화로 급속히 증가해 2세기 만에 무려 30%나 늘어났다.

현재 수준인 380ppmv는 지난 80만 년 동안 단 한 번도 검측되지 않은 초유의 수치다.*

이 같은 현상은 석유, 석탄, 천연가스 등과 같은 화석연료를 무분별하게 사용한 결과다.

* 2013년 미국해양대기청(NOAA)은 인류 역사상 최초로 대기 중 이산화탄소 농도가 400ppmv를 넘어섰다고 발표했다.

인류의 이산화탄소 배출량은 탄소환산톤*으로 20세기 초에는 1억 톤이었으나 1950년에는 20억 톤으로 훌쩍 뛰었다.

전 세계 이산화탄소 배출량
1850 - 2000

그리고 그 후로는 3배 이상 늘어났다.**

2000~2005년 인류의 이산화탄소 배출량은 연간 72억 톤으로

1990년대보다 무려 10%나 늘어났다.

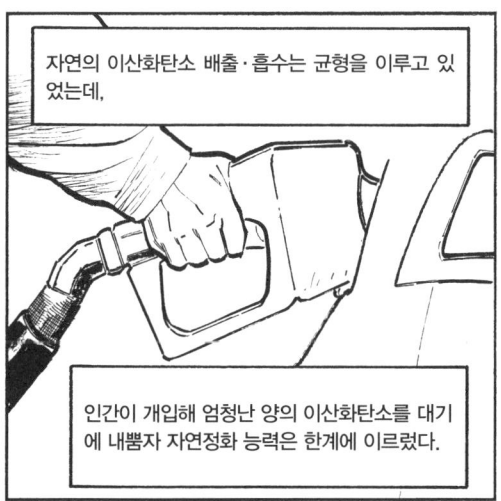

자연의 이산화탄소 배출·흡수는 균형을 이루고 있었는데,

인간이 개입해 엄청난 양의 이산화탄소를 대기에 내뿜자 자연정화 능력은 한계에 이르렀다.

인류는 해마다 70억 톤에 달하는 이산화탄소를 배출한다. 이 중에서 토양과 식물이 흡수하는 양은 10억 톤이고

바다에 용해되는 양은 20억 톤이다.

자연의 정화 능력을 초과한 나머지 40억 톤은 매년 대기에 축적되고

그 속에서 무려 수 세기 동안 머무른다.

* 온실가스의 양을 탄소를 기준으로 환산해 측정하는 방법. 단위는 TC(Ton of Carbon Equivalent).
** 2013년 전 세계 이산화탄소 배출량은 360억 톤이라는 기록적인 수치에 도달했으며, 2014년 예상치는 400억 톤이다. (자료: 경제협력개발기구)

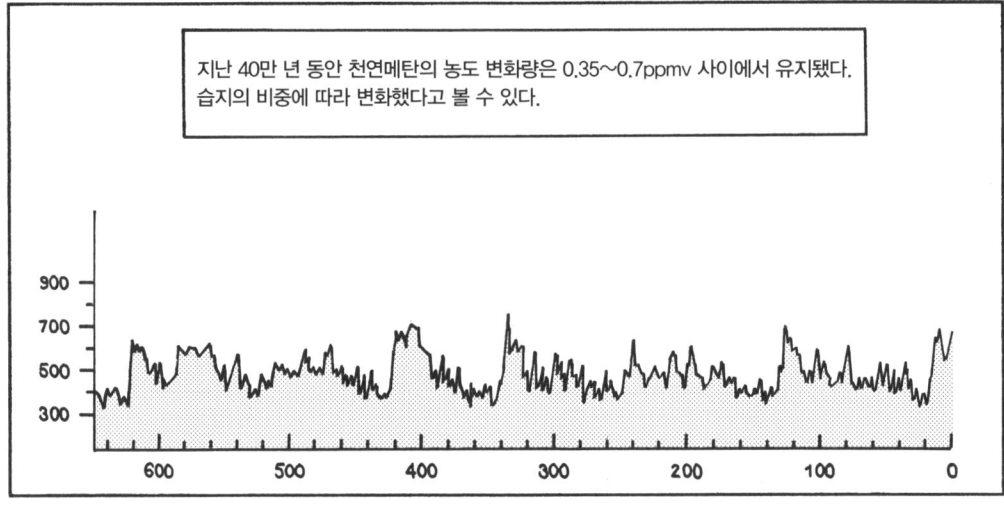

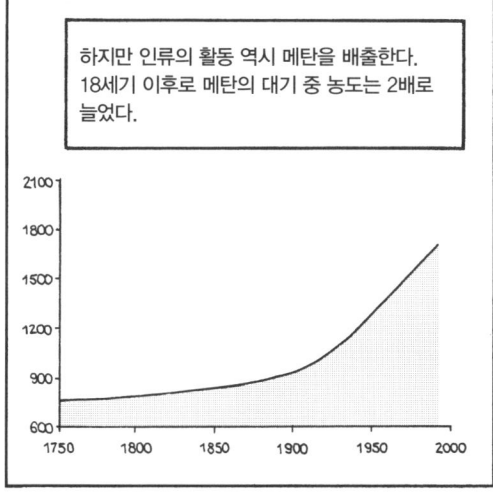

하지만 인류의 활동 역시 메탄을 배출한다. 18세기 이후로 메탄의 대기 중 농도는 2배로 늘었다.

오늘날 인류의 메탄 배출량은 자연의 2배에 이른다.

연간 약 1억 톤의 메탄이 석탄층 메탄가스와 천연가스 채굴로 발생한다.

되새김 동물의 소화과정에서 1억 톤,

벼농사로 5,000만~9,000만 톤,

그리고 화전으로 4,000만 톤이 배출된다.

나머지 4,000만~7,000만 톤의 메탄은 쓰레기와 퇴비에서 발생한다.

자연과 인간이 배출한 6억 톤의 메탄 중에서 5억 7,000만 톤은 대기 중에서 산화하거나

땅 속에서 사라진다.

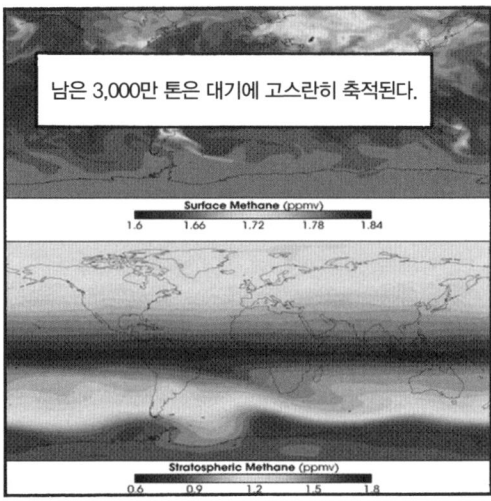

남은 3,000만 톤은 대기에 고스란히 축적된다.

메탄은 이산화탄소보다 대기 중에 짧게 머물지만

적외선 차단율이 73배나 높다.

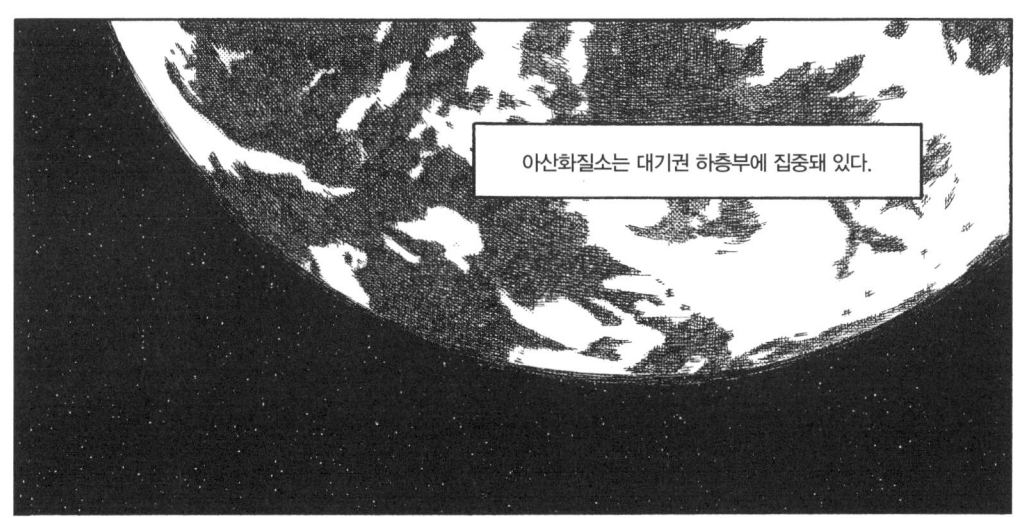

나머지 절반은 화석연료의 소비와

동식물의 연소,

몇몇 산업시설,

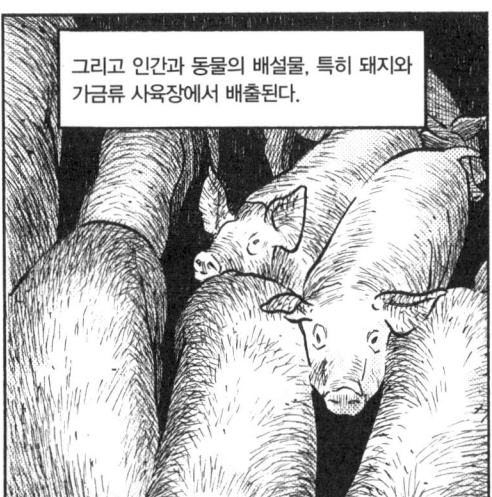

그리고 인간과 동물의 배설물, 특히 돼지와 가금류 사육장에서 배출된다.

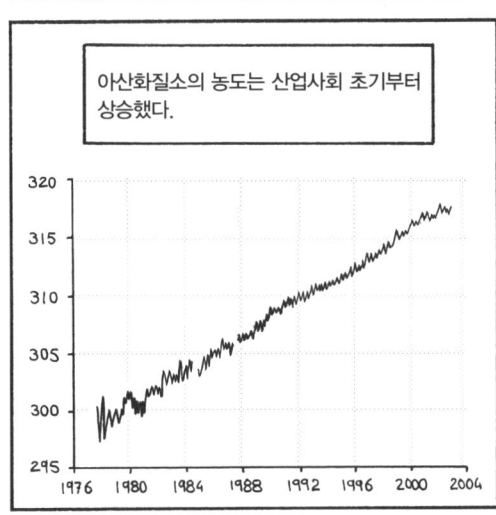

아산화질소의 농도는 산업사회 초기부터 상승했다.

아산화질소는 대기에 약 120년간 머물지만

이산화탄소보다 250배나 더 많은 열을 차단한다.

대기에서 오존이 차지하는 비율은 0.000003%밖에 되지 않는다. 하지만 그 화학작용은 극도로 복잡하다.

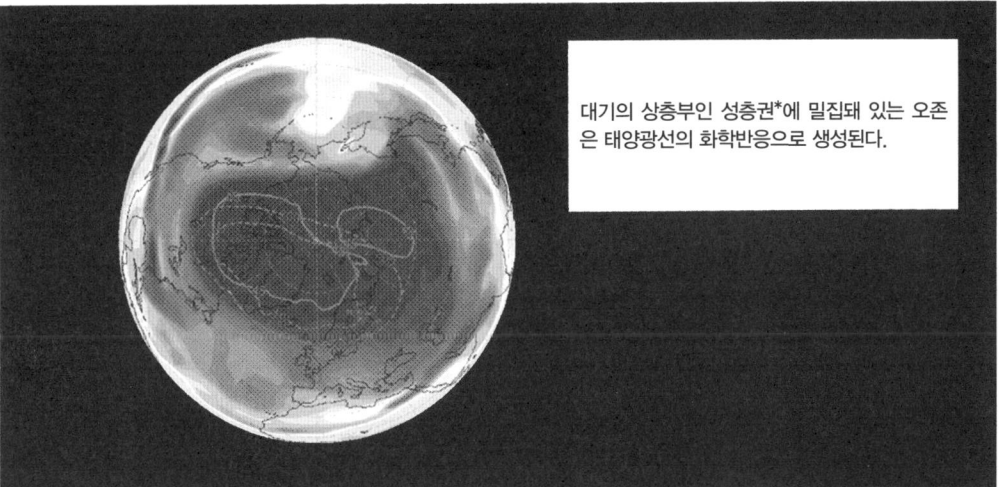

대기의 상층부인 성층권*에 밀집돼 있는 오존은 태양광선의 화학반응으로 생성된다.

오존은 성층권 아래의 대류권에도 존재한다. 하지만 대류권의 오존은 천연오존과는 달리 차량 배기가스나 굴뚝, 소각장에서 배출된 오염물질 때문에 발생한다.

* 지구 대기권 중 대류권과 중간권 사이에 있는 안정된 대기층.

성층권의 오존은 생체조직에 유해한 자외선 차단에 가장 큰 역할을 한다.

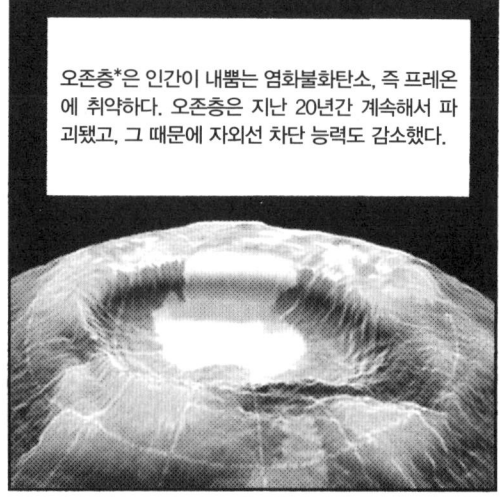
오존층*은 인간이 내뿜는 염화불화탄소, 즉 프레온에 취약하다. 오존층은 지난 20년간 계속해서 파괴됐고, 그 때문에 자외선 차단 능력도 감소했다.

더구나 대기권 하층부에 생성된 오존은 성층권에서보다 7배나 높은 온실효과를 일으킨다.

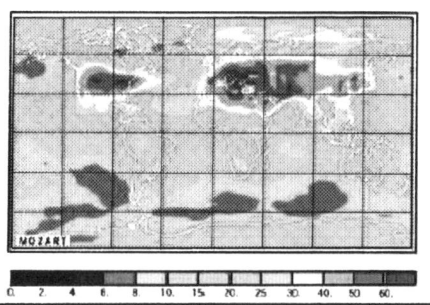
오존의 활동은 수치화하기 어렵다. 또한 대기권에 며칠 동안만 머무르며 균일하게 확산되지도 않는다.

아울러 극지방의 빙하에서 오랫동안 발견되지 않았기 때문에 과거의 기후와 비교조차 불가능하다.

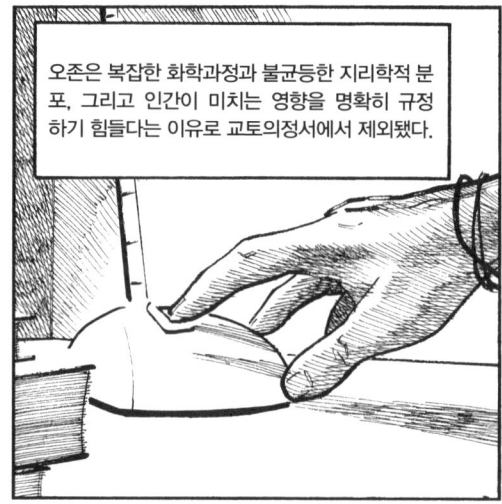
오존은 복잡한 화학과정과 불균등한 지리학적 분포, 그리고 인간이 미치는 영향을 명확히 규정하기 힘들다는 이유로 교토의정서에서 제외됐다.

* 성층권에서 오존 밀도가 높은 부분.

인류의 활동으로 대기 중에 새롭게 흘러들어 간 가스도 있다.

그중에는 온실효과를 일으키는 산업가스도 있다.

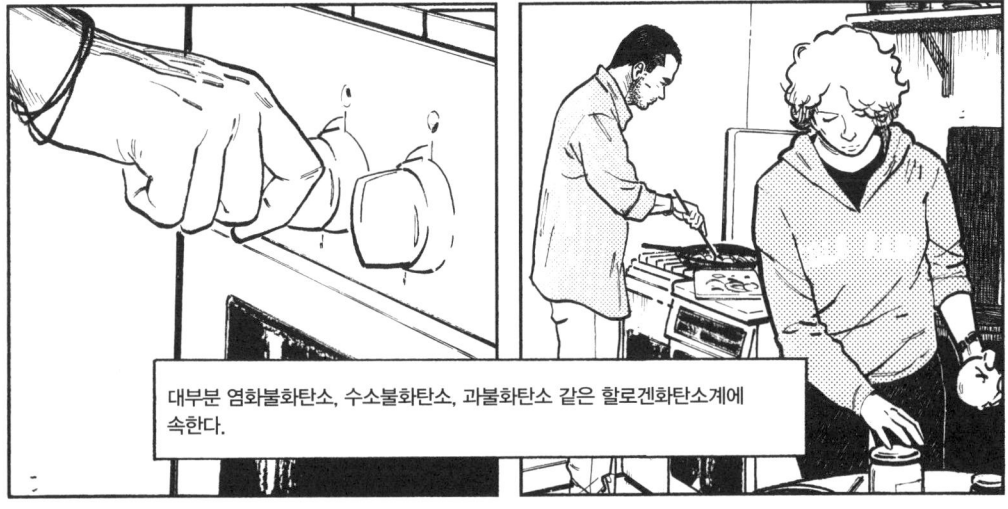

대부분 염화불화탄소, 수소불화탄소, 과불화탄소 같은 할로겐화탄소계에 속한다.

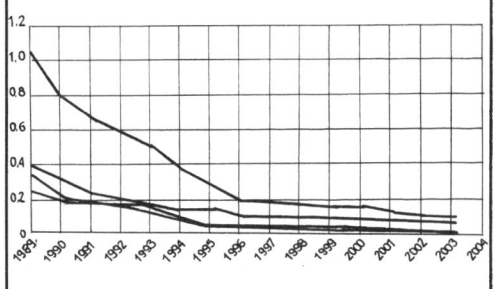

'오존층에 구멍'을 내는 주범인 프레온은 지난 1987년 이후 규제대상 물질로 지정되어 배출이 감소하고 있다.

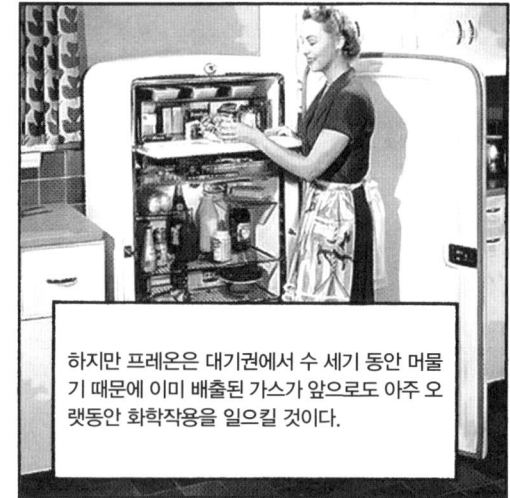

하지만 프레온은 대기권에서 수 세기 동안 머물기 때문에 이미 배출된 가스가 앞으로도 아주 오랫동안 화학작용을 일으킬 것이다.

프레온의 대체품인 수소불화탄소, 과불화탄소는 오존층을 파괴하지 않지만 그 또한 강력한 온실효과를 일으킨다.

이들 가스는 주로 냉장고나 에어컨 등을 만들 때 사용하는데 의도치 않은 누출, 기화 혹은 낡아서 못 쓰게 된 기계를 폐기할 때 유출된다.

전자제품이나 할론소화기를 제조하는 과정에서도 배출된다.

이들 가스의 자연적 발산은 전무하다. 그리고 인류가 배출하는 이산화탄소량에 비하면 100만 분의 1밖에 되지 않는다.

그러나 자외선을 극도로 차단해 온실효과를 크게 일으킨다. 과불화탄소는 이산화탄소의 5,000~1만 배에 달하는 지구온난화를 유발한다.

온실가스 중 하나로, 변압기에 사용되는 육불화황은 이산화탄소보다 무려 2만 2,800배 높게 지구온난화를 일으킨다.

장 마르크 장코비시*의 연구에 따르면, 예전부터 대기에 존재하는 가스의 경우 그 양이 약간 늘어난다 하더라도 큰 영향을 미치지 않는다.

그러나 기존에 없던 새로운 가스가 배출되면 태양광선의 다른 파장을 막아 더욱 중대한 결과를 초래할 수 있다.

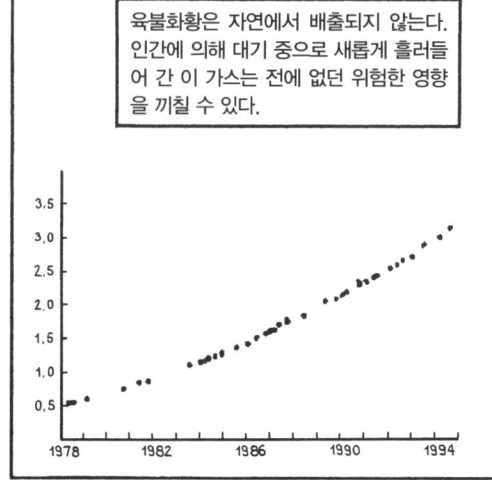

육불화황은 자연에서 배출되지 않는다. 인간에 의해 대기 중으로 새롭게 흘러들어 간 이 가스는 전에 없던 위험한 영향을 끼칠 수 있다.

육불화황를 비롯한 몇몇 가스는 수만 년 동안 대기에서 사라지지 않고 존재한다.

* 프랑스의 기후·에너지 분야 전문가.

2 밤의 도래

기후변화 예측 시나리오

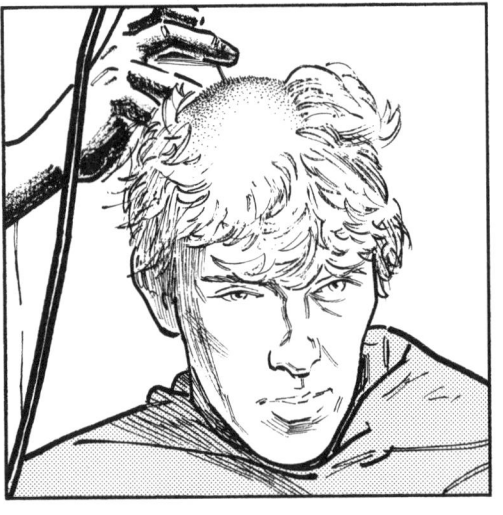
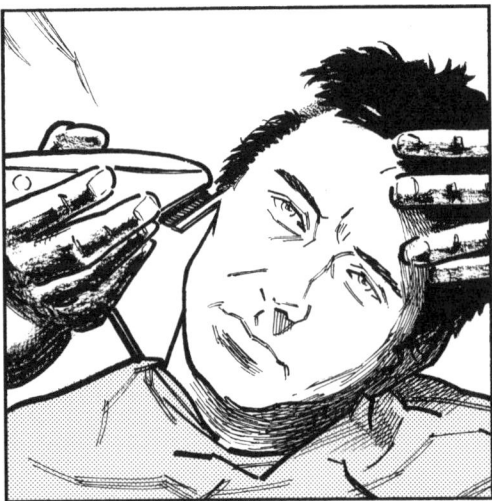

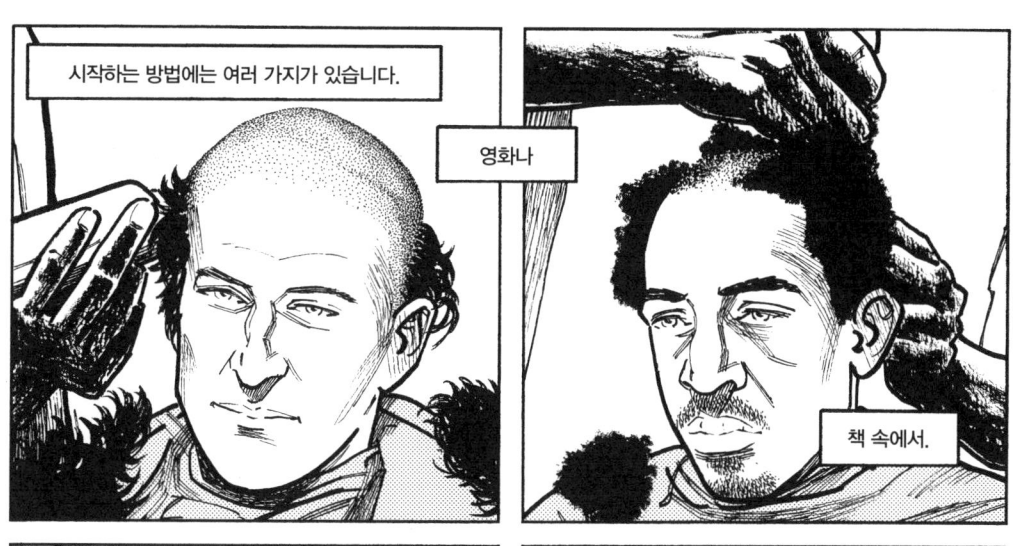

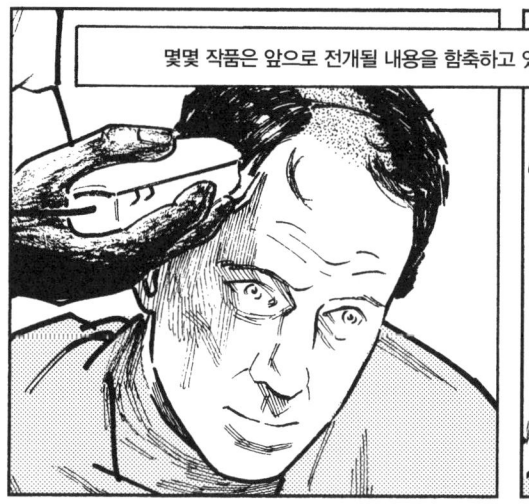

그런데 두 번째에서의 시작이 첫 번째에서의 시작과 같다고 할 수 있을까요?

두 번째로 볼 때 이야기가 처음과 똑같이 흘러간다고 느낄까요?

작품이 하나의 고리라면

시작은 어느 부분일까요?

그 시작은

얼마나 오래 지속되죠?

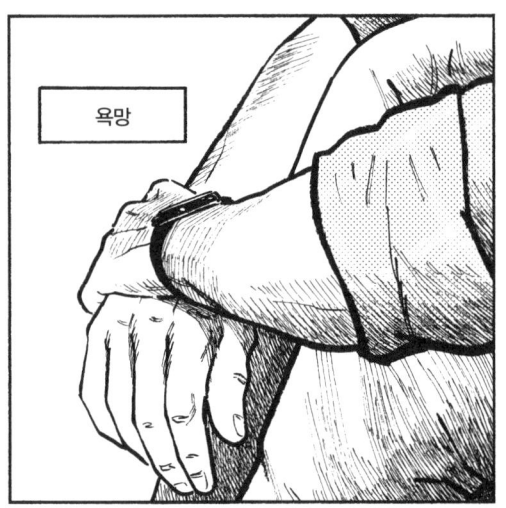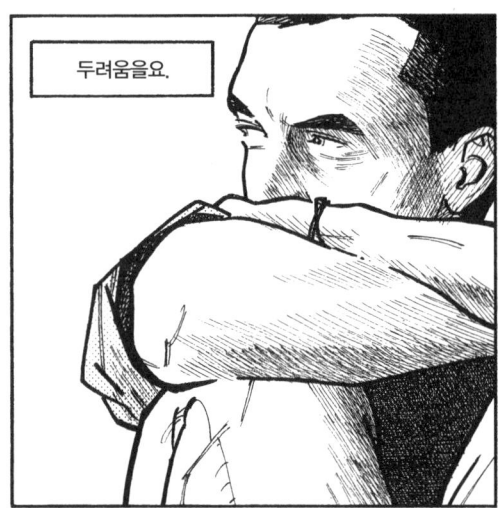

"지구는 복잡한 특성을 지녔고 지구온난화로 일어날 수 있는 피해규모가 막대하다는 점, 그리고 온실가스 배출 감소가 지구에 긍정적인 결과를 낳을 것이라는 이유로, 인간의 활동이 기후에 미치는 영향을 조사하는 연구가 진행됐다."

"이 연구를 바탕으로 가장 중요한 과학적 평가 프로세스라고 칭해지는 IPCC*가 1988년에 탄생했다."

IPCC는 1988년 유엔 산하기구인 유엔환경계획과 세계기상기구의 주도하에 탄생했습니다.

장 주젤은 기후·환경과학연구소 소장이자

기후변화에 대한 과학적 연구를 정리·예측하는 IPCC의 부의장이다.

21세기 후반, 비로소 과학계는 인간의 활동이 지구온난화에 막대한 악영향을 미치리라는 사실을 알게 됐습니다.

과학자들은 일어날 수 있는 문제에 대한 수많은 연구를 진행했습니다.

* **IPCC**(Intergovernmental Panel of Climate Change) 기후변화에 관한 정부 간 협의체.

* IPCC는 2014년까지 총 5차례의 평가보고서를 발표했다.

이렇게 해서 800쪽이 넘는 방대한 양의 평가보고서가 탄생한다. 120여 명의 저자와 500여 명의 참여자, 그리고 700여 명의 협조자로부터 도움을 받은 결과물이다.

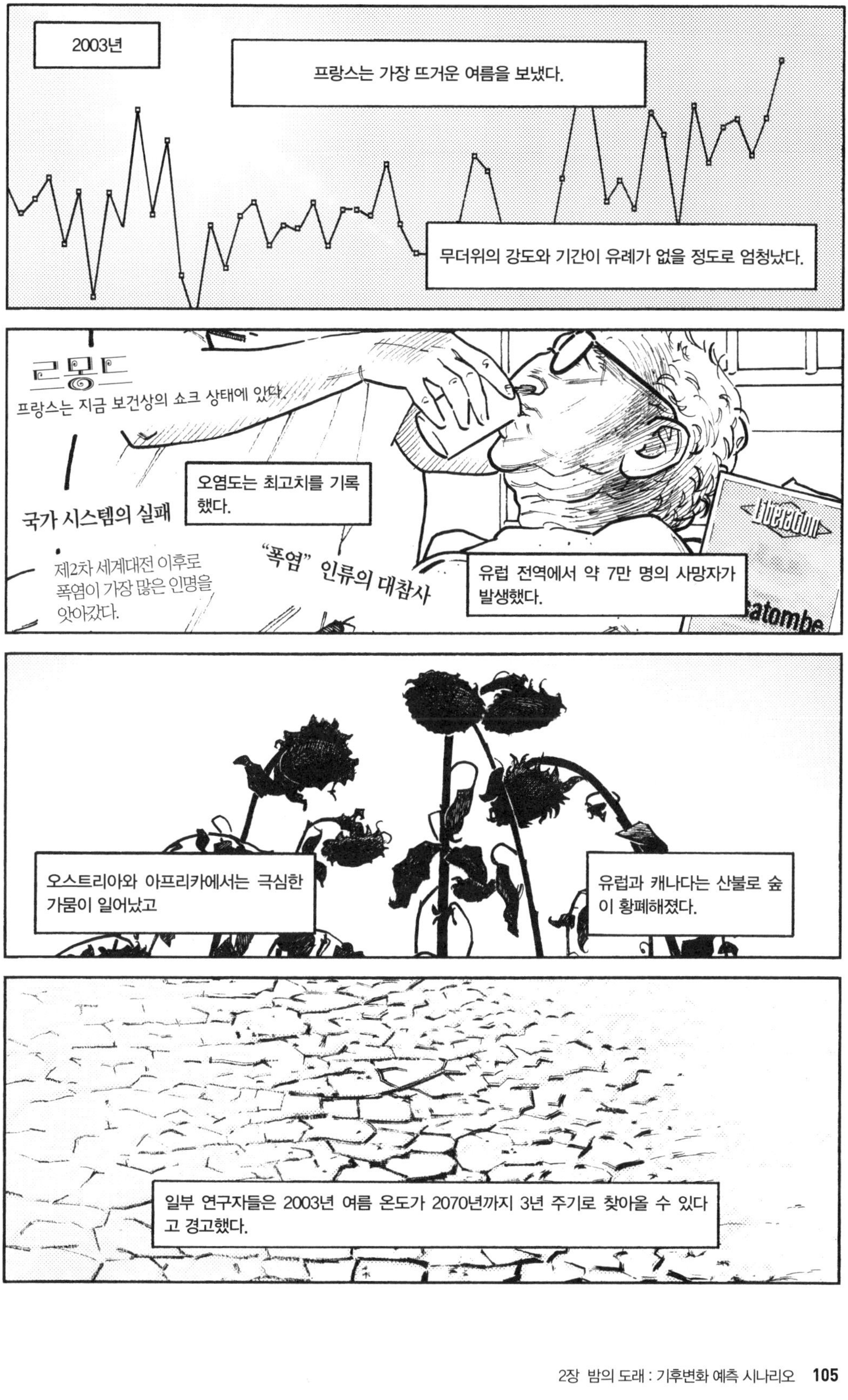

2003년

프랑스는 가장 뜨거운 여름을 보냈다.

무더위의 강도와 기간이 유례가 없을 정도로 엄청났다.

르몽드

프랑스는 지금 보건상의 쇼크 상태에 있다.

국가 시스템의 실패

제2차 세계대전 이후로 폭염이 가장 많은 인명을 앗아갔다.

오염도는 최고치를 기록했다.

"폭염" 인류의 대참사

유럽 전역에서 약 7만 명의 사망자가 발생했다.

오스트리아와 아프리카에서는 극심한 가뭄이 일어났고

유럽과 캐나다는 산불로 숲이 황폐해졌다.

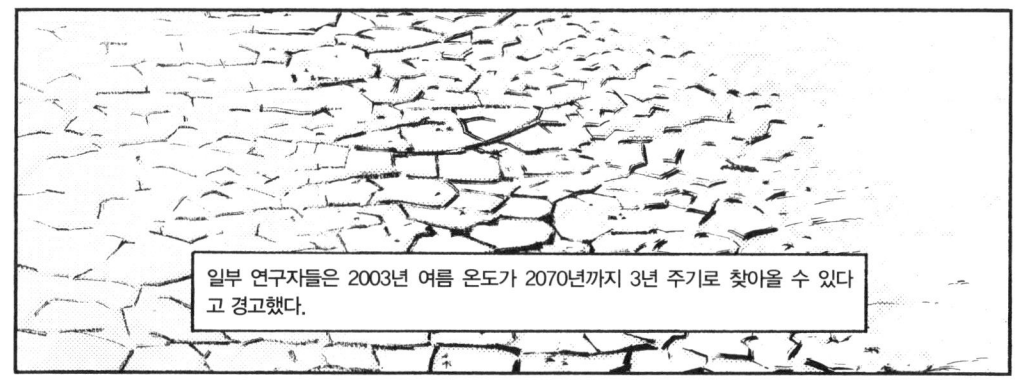

일부 연구자들은 2003년 여름 온도가 2070년까지 3년 주기로 찾아올 수 있다고 경고했다.

2004년 여름

아메리카 대륙의 카리브 해에 허리케인 알렉스, 찰리, 대니얼, 프란시스, 이반, 잔이 일어나 수천 명이 목숨을 잃고 수백만 달러의 피해가 발생했다.

일본 열도에는 무려 10개의 태풍이 지나가 100억 달러의 피해가 일어났다.

미국에서는 역사상 가장 강력한 허리케인이 한 계절에 무려 4개나 발생했다. 피해액은 총 220억 달러가 넘었다.

또한 남대서양에서는 처음으로 사이클론(카타리나)이 형성됐다. 지금까지는 불가능하다고 알려진 현상이다.

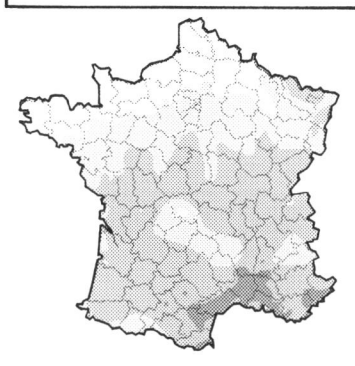
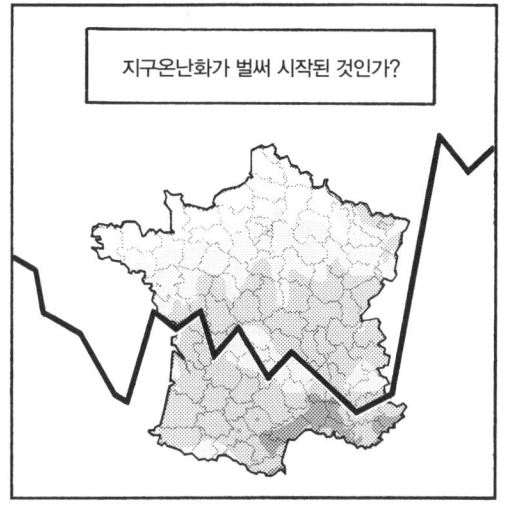

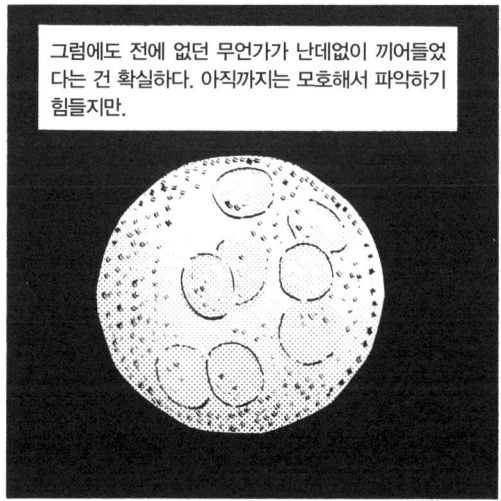

2장 밤의 도래 : 기후변화 예측 시나리오

기후가 어떻게 바뀌었는지 알아내기 위해서는 과거 기후와 변화과정을 검토해야 한다.

기후학자들은 정보처리기술을 도입해 분석모델을 만들어 작업한다. 기후의 주요 구성요소가 재현된 이 분석모델에 현실에 가까운 시뮬레이션을 적용하고, 그 과정과 결과를 분석한다.

우리는 컴퓨터로 가상의 지구를 만들었습니다. 분석모델은 방정식과 물리학적 원칙으로 움직이죠.

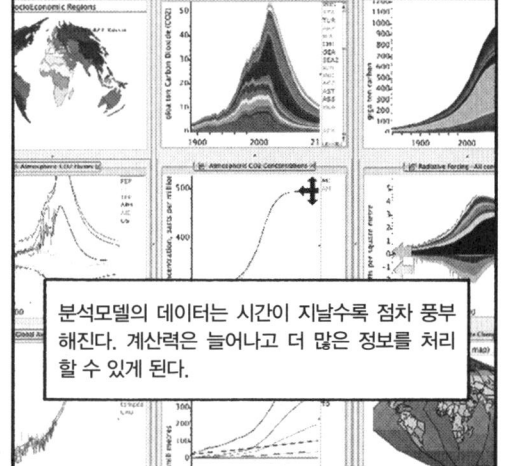
분석모델의 데이터는 시간이 지날수록 점차 풍부해진다. 계산력은 늘어나고 더 많은 정보를 처리할 수 있게 된다.

그러다가 실제 지구와 비슷해지기 시작합니다. 고기압, 저기압, 멕시코 만류*와 엘니뇨까지.

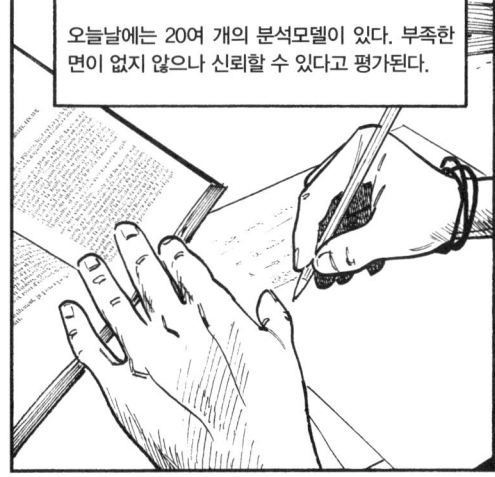
오늘날에는 20여 개의 분석모델이 있다. 부족한 면이 없지 않으나 신뢰할 수 있다고 평가된다.

* 북대서양의 북아메리카 연안을 따라 북쪽으로 흐르는 세계 최대의 난류.

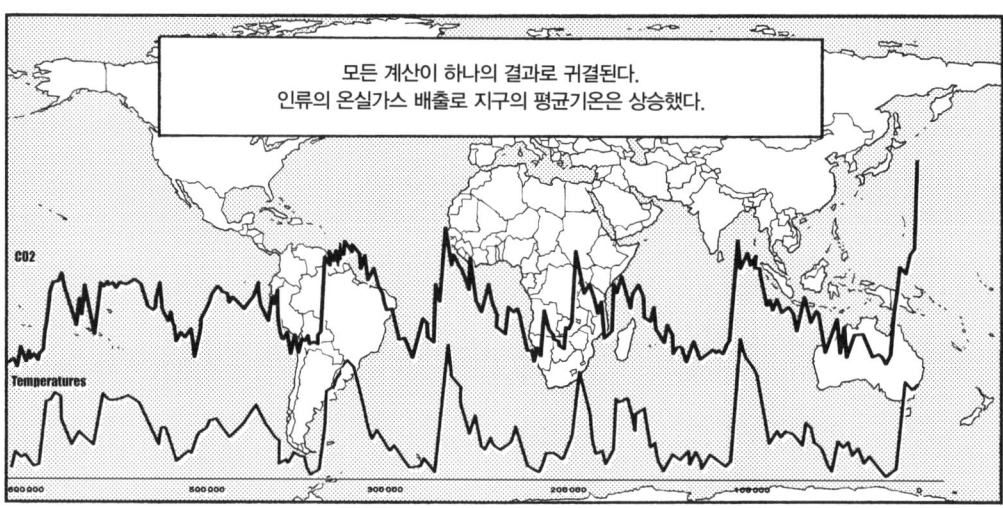

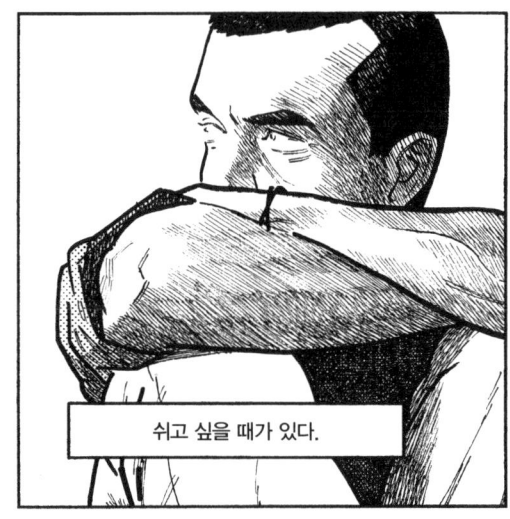

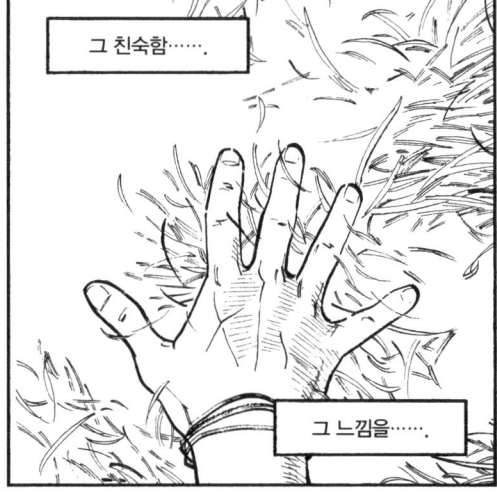

지구온난화는 의심할 바 없는 사실일 뿐만 아니라 인간의 활동이 원인인 것이 분명하다.

물론 자연적 현상도 기후변화를 일으키는 요인이라는 것을 잘 알고 있습니다.

예전부터 그래 왔고 앞으로도 그러겠죠.

산업공해와 차량 배기가스는 에어로졸*을 배출해 구름의 광학적 성질을 변화시키기도 합니다. 그때 약간이지만 지구온난화가 억제되며 냉각효과가 일어나죠. 그런 현상도 있다는 걸 놓쳐서는 안 됩니다.

그러나 이 같은 자연적 요인만으로는 지구온난화를 설명할 수 없습니다.

자연환경의 변화와 인간의 활동을 모두 고려해야 오늘날의 지구온난화를 이해할 수 있습니다.

* 대기 중에 부유하는 고체 또는 액체 상태의 작은 입자.

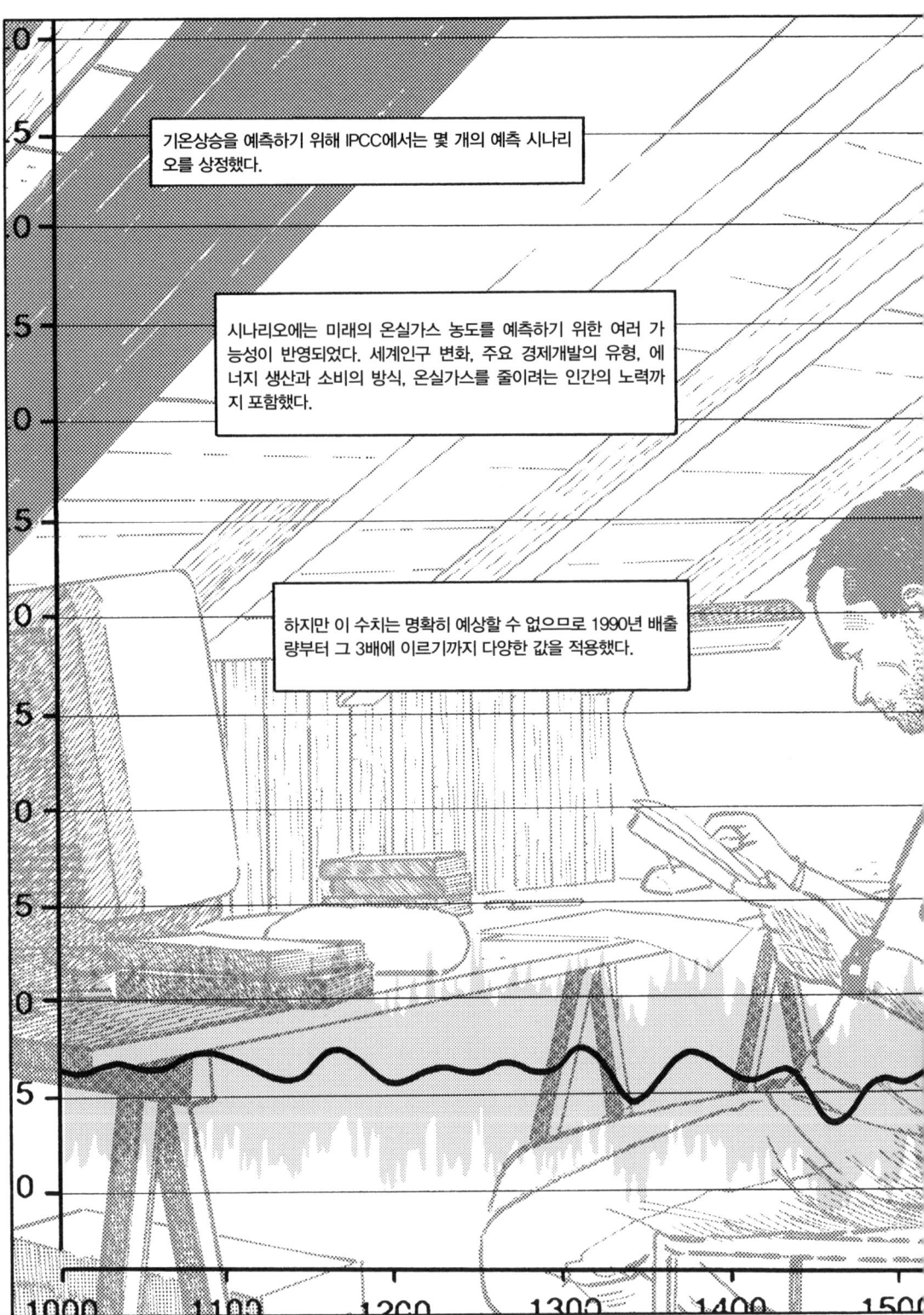

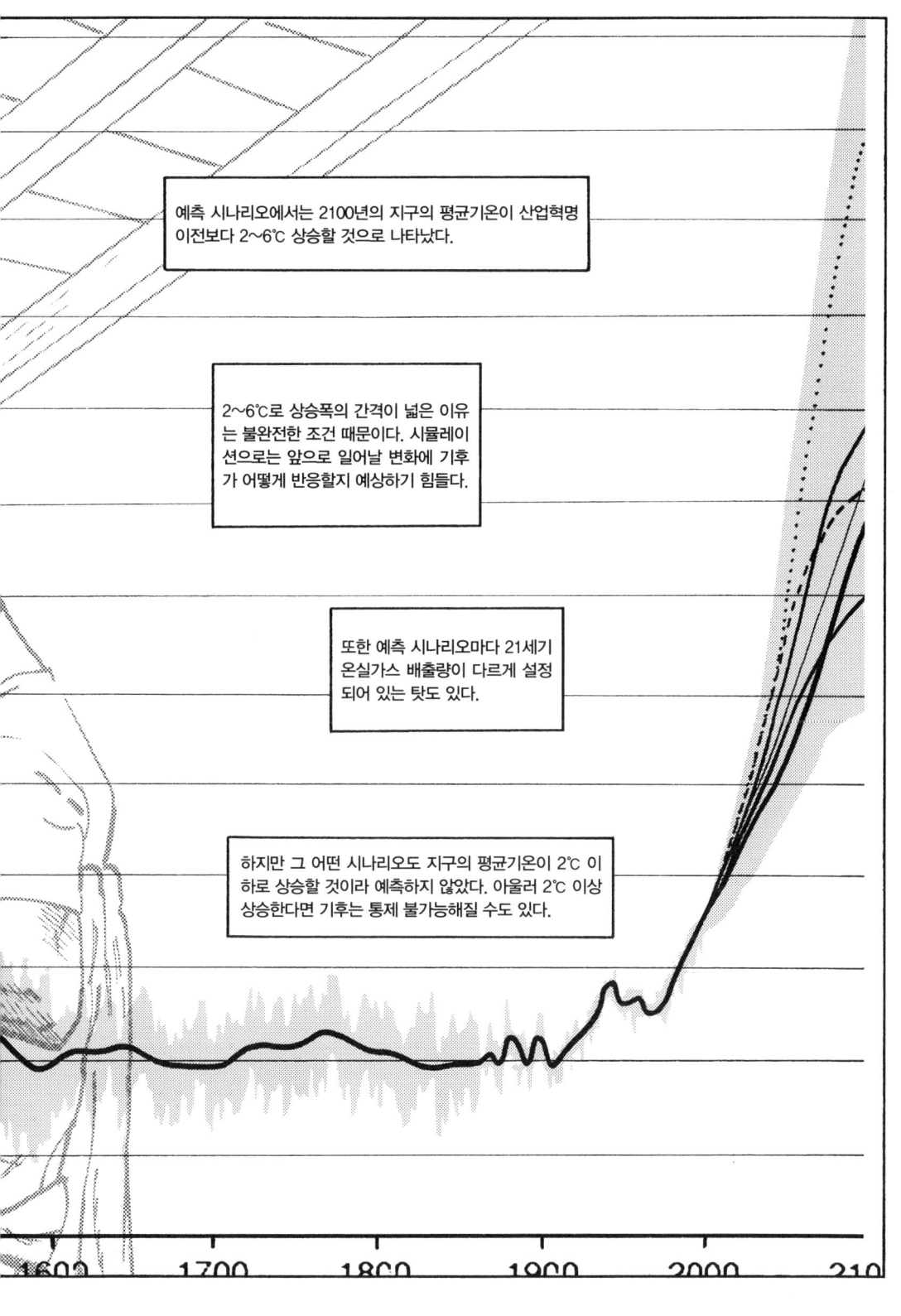

* IPCC가 제시한 기후변화 예측 시나리오.
** 2014년 제5차 평가보고서에서는 21세기 말 지구 평균온도는 3.7℃, 해수면은 63센티미터 상승할 것으로 예측됐다.

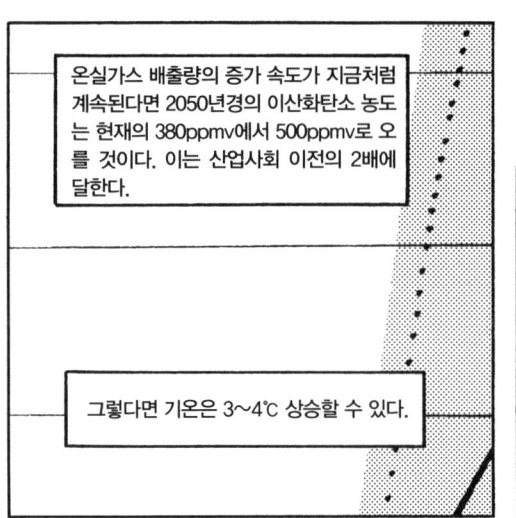

* 온실가스 감축을 위해 아무런 노력도 하지 않았을 경우 추정되는 배출량.
** 현재 추세대로라면 2100년 우리나라 평균기온은 5.7℃, 강수량은 17.5%, 해수면은 1미터 이상 올라갈 것으로 보인다. (자료: 한국환경정책평가연구원)

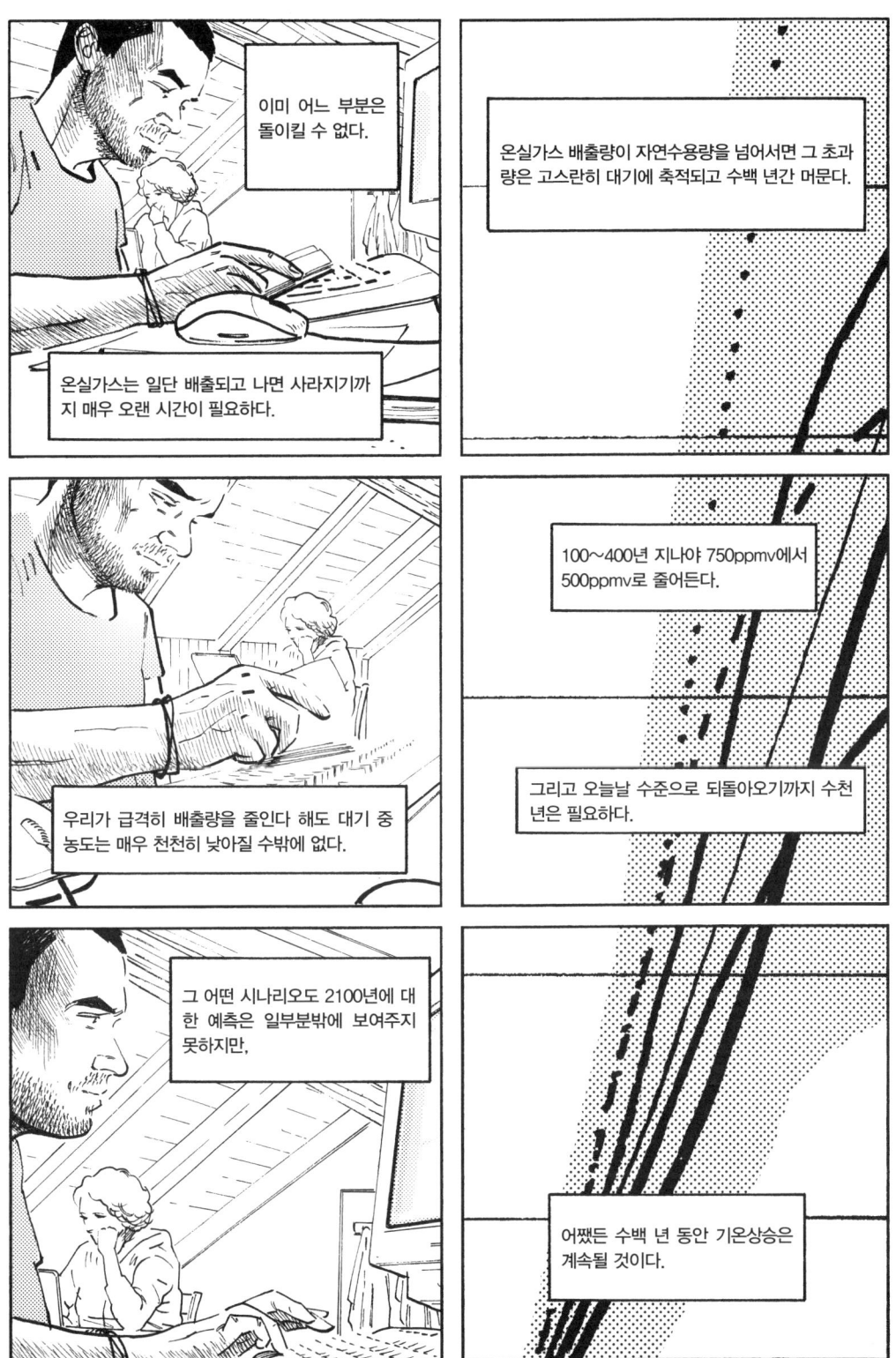

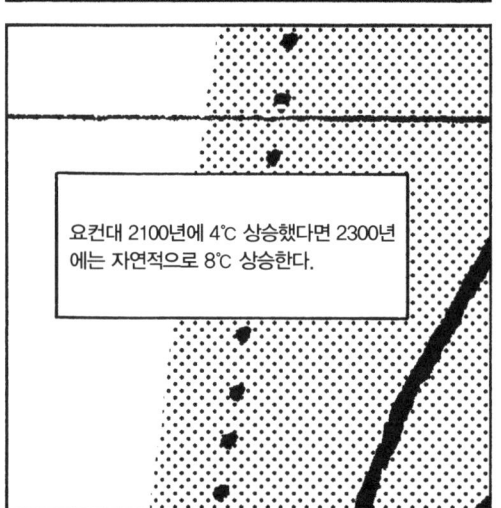

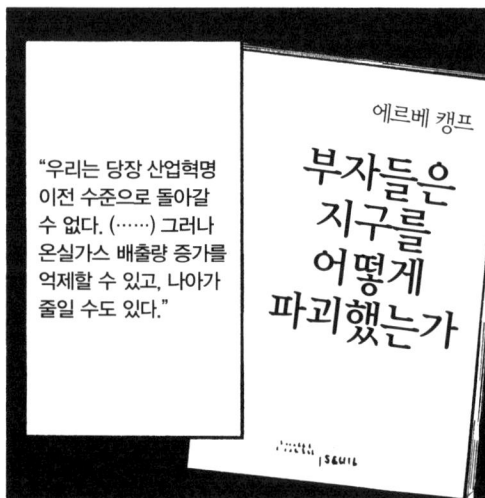

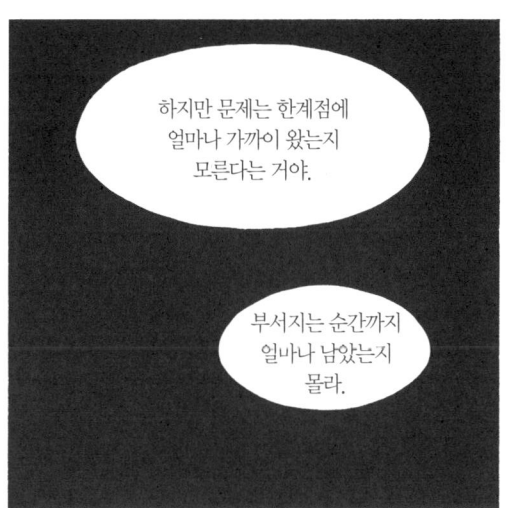

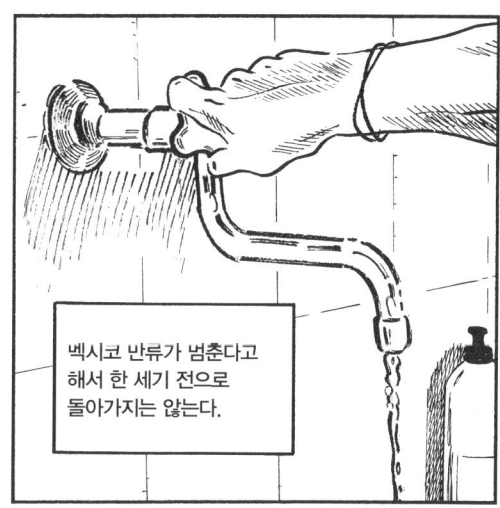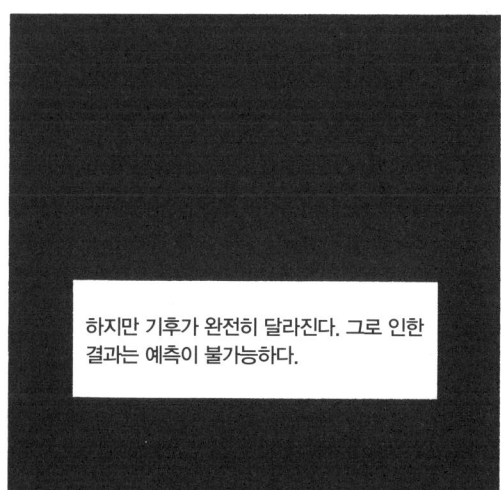

어둠이 다가오고 있다.

해가 벌써 기울어
산은 어둠에 잠기기 시작했다.

저녁에 불던 바람도 멈춰버렸다.

길게 늘어졌던 그림자도
어슴푸레해졌고,

황혼 역시 잠시 고요 속에서
머물다 사라졌다.

이제 밤이 올 것이다.

달이 어둠 속에서 서쪽으로
기울다가 자취를 감출 때까지,

밤은 계속된다.

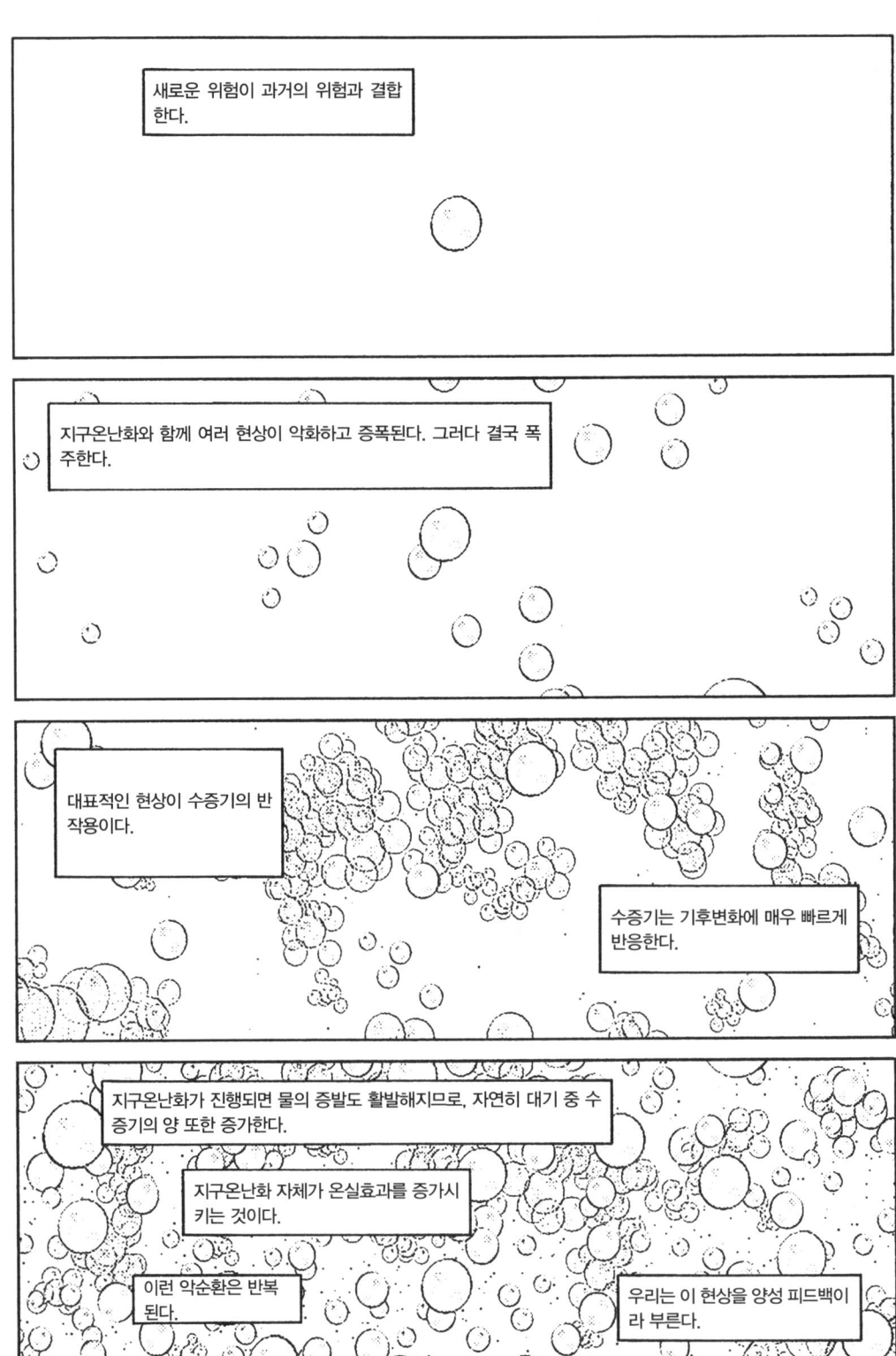

수증기가 증가하면 그에 따라 온도도 상승할 것으로 예상한다.

폭주한 기후 시스템은 수증기뿐만 아니라 탄소의 순환에도 영향을 미칠 수 있다.

토양과 바다는 인간이 배출하는 탄소의 절반에 해당하는 양을 흡수하기 때문에 급격한 지구온난화를 막아준다.

특히 대기보다 60배나 더 많은 탄소를 흡수하는 바다는 가장 중요한 저장소다.

하지만 수온이 높아지면 바다의 이산화탄소 흡수 능력은 저하된다.

물이 이산화탄소를 용해하는 능력이 떨어지고,

막대한 양의 탄소를 함유하고 있는 해수면의 바닷물을 심해로 잡아끄는 해류 또한 약해지기 때문이다.

그 징후는 2003년에 이미 나타났다.

한여름 무더위로 식물의 활동이 저하됐다.

약해진 생태계는 50억 톤의 이산화탄소를 배출했다.

4년 동안 흡수하는 양을 토해버렸다.

만약 그 악순환이 시작된다면 인간이 이산화탄소 배출을 완전히 멈춘다 해도 아무것도 바뀌지 않을 것이다.

돌이킬 수 없을 것이다.

메탄 또한 이러한 반작용을 일으킬 수 있다.

기온이 상승하면 미생물의 활동이 활발해져 부패 속도가 빨라진다. 자연히 천연메탄의 배출량도 증가한다.

또한 바닷속 메탄 수화물도 대기 중으로 배출될 위험이 있다.

메탄 수화물이란 메탄가스와 물이 결합한 고체 상태의 물질을 말합니다. 일부에서는 천연가스의 매장량만큼 바닷속에 존재한다고 하죠.

그런데 온도가 상승하면 그것을 둘러싸고 있는 얇은 얼음막이 녹아 막대한 양의 메탄이 대기에 유입된다.

아직까진 심해에 지구온난화의 영향이 미치지 않았습니다. 하지만 이대로라면 언젠가 메탄 수화물도 대기 중으로 흘러들겠죠.

* 지층의 온도가 1년 내내 0°C 이하인 곳.

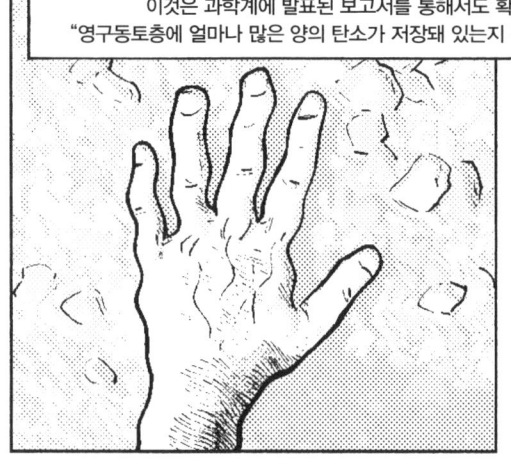

이틀 전, 크로아티아의 군대가 세르비아계가 장악하고 있던 지역을 공격했다.

분쟁 지역의 사람들을 돕기 위해 파크라츠에서 활동하고 있던 우리 단체도 한밤중에 폭격을 피해 도망쳤다.

전시 체제의 크로아티아에서 하루를 보내고, 수도인 자그레브에서 모두 합류했다.

30초 전에 시내 방향에서 폭발음이 들렸다.

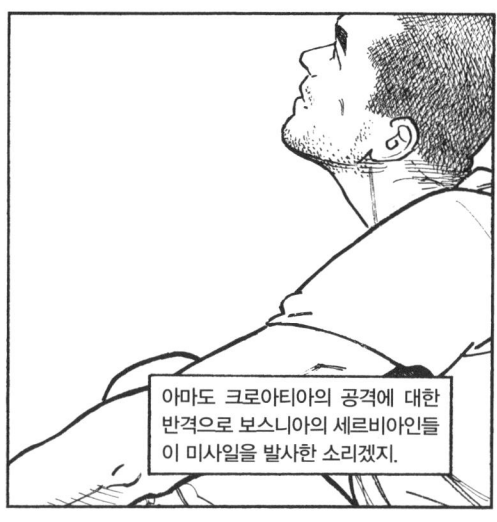

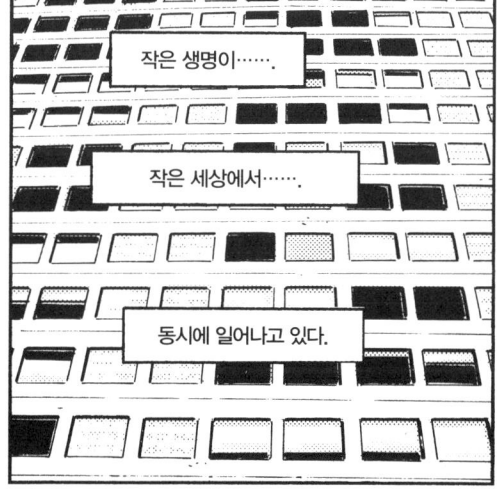

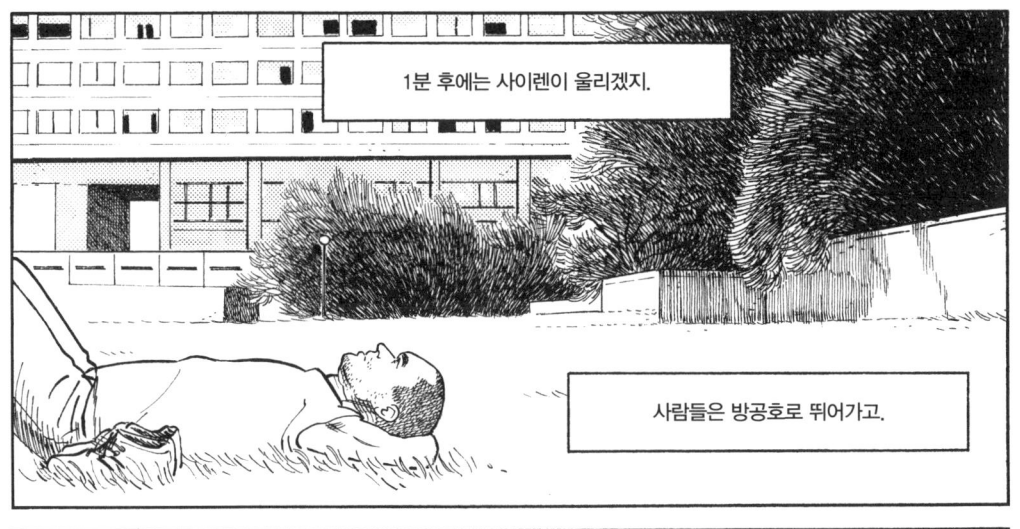

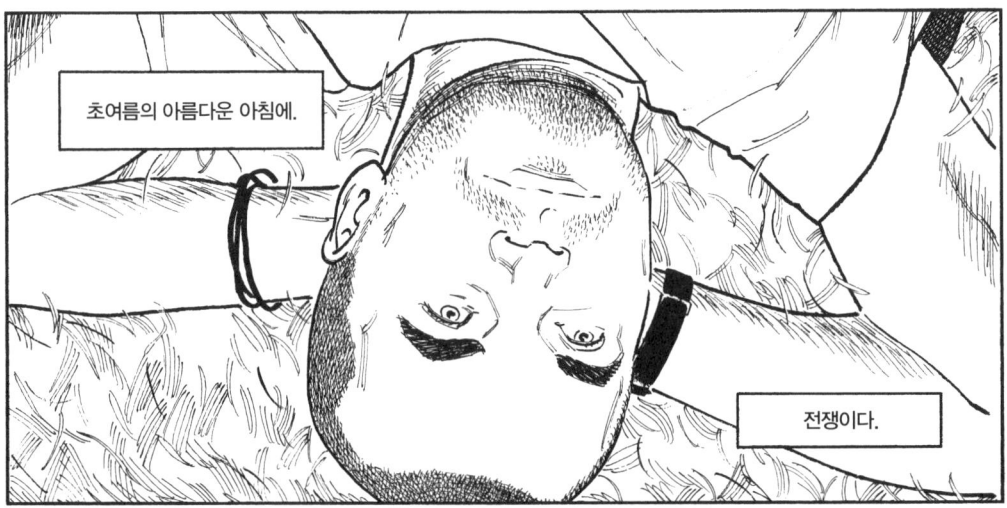

3 욕망의 수레바퀴
지구온난화, 막을 수 있을까?

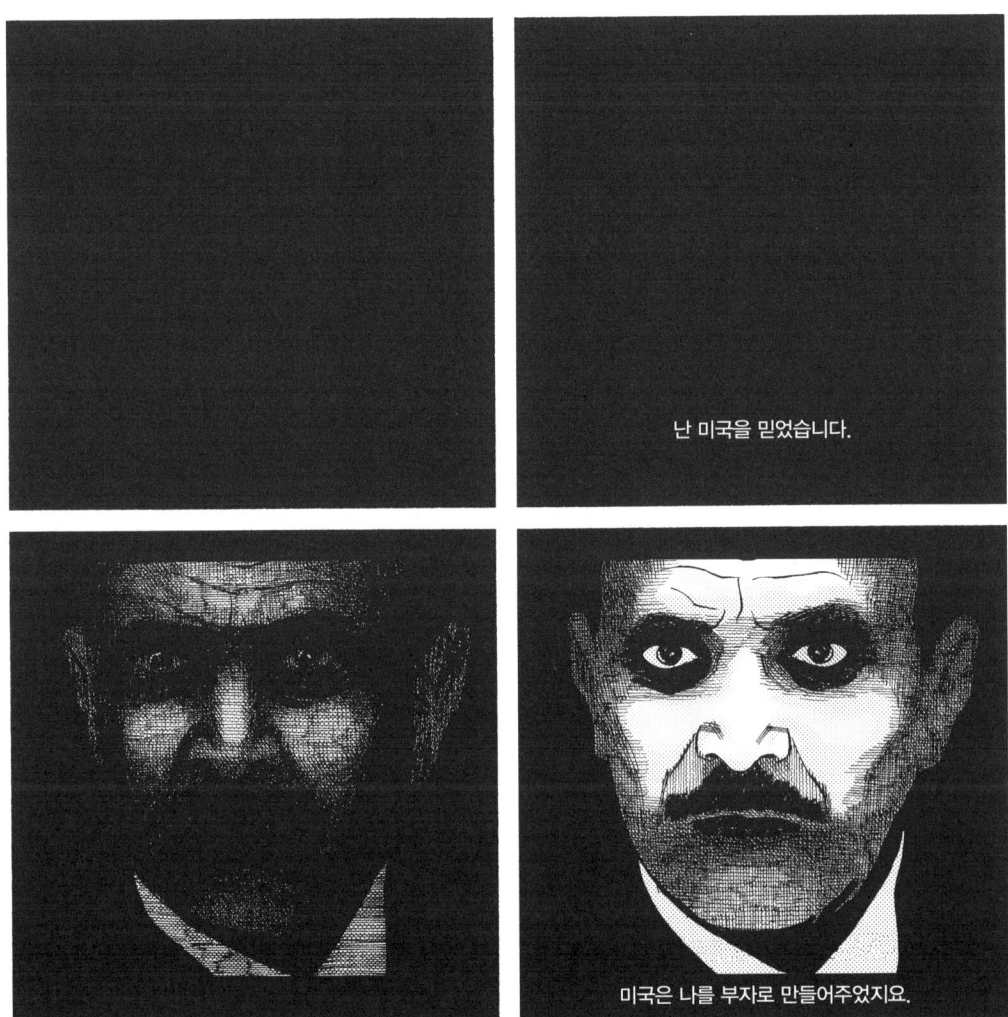

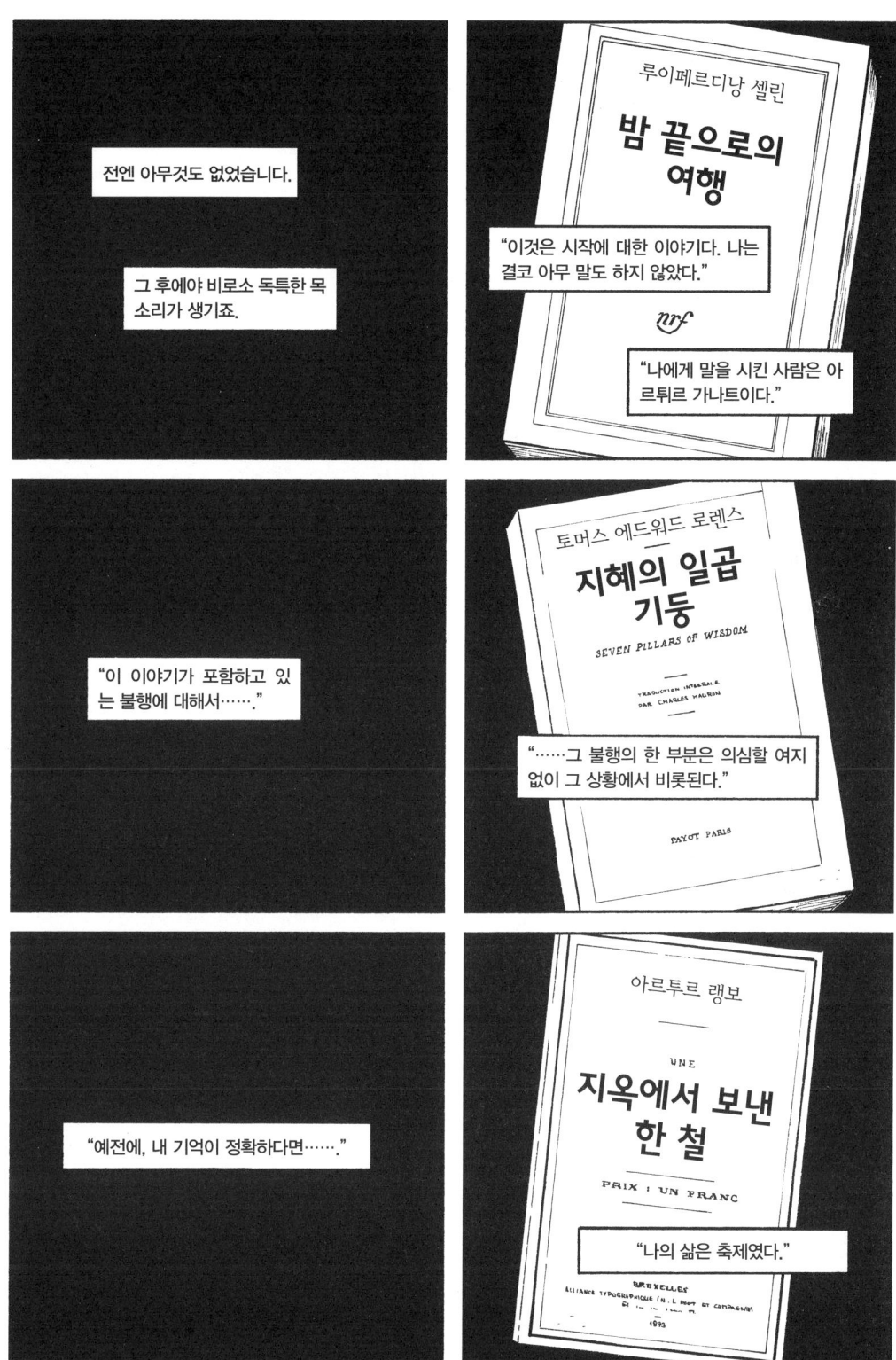

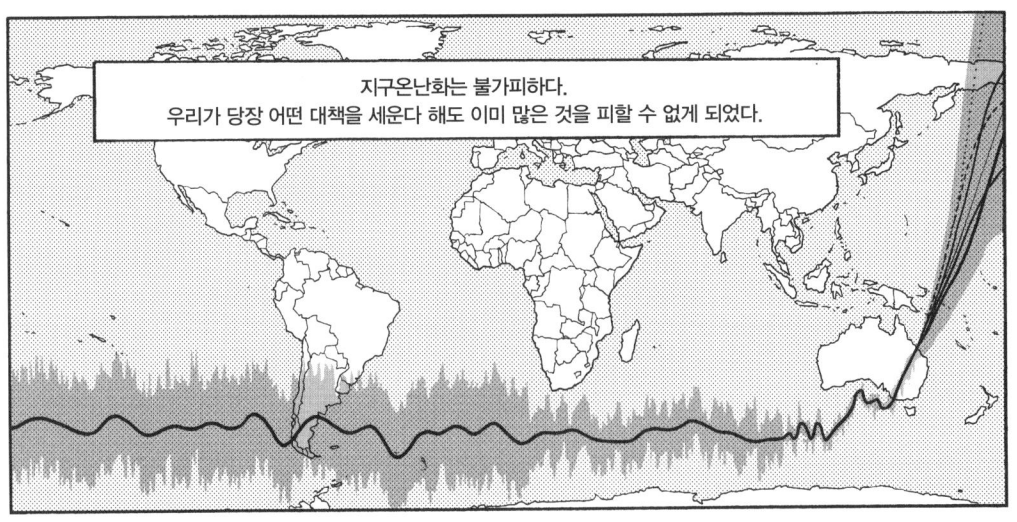

지구온난화는 불가피하다.
우리가 당장 어떤 대책을 세운다 해도 이미 많은 것을 피할 수 없게 되었다.

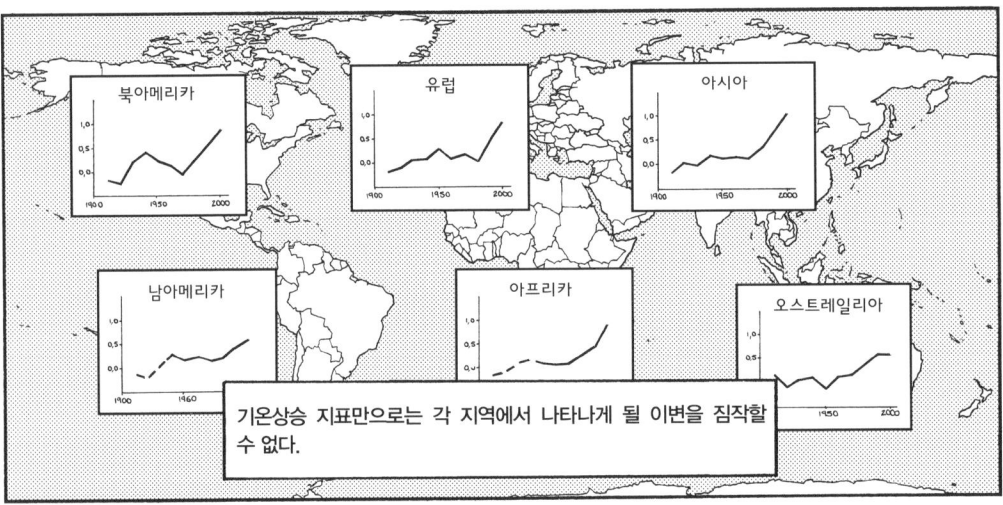

기온상승 지표만으로는 각 지역에서 나타나게 될 이변을 짐작할 수 없다.

지구온난화는 모든 지역에서 균일하게 일어나지 않으며

그 결과 또한 마찬가지다.

지구온난화는 모든 곳에서 똑같이 진행되지 않습니다.

육지가 바다보다 훨씬 뚜렷하죠.

그리고 북극지방의 기온상승 속도는 지구 평균 속도보다 2배 빠를 겁니다.

기온상승이 가장 두드러지는 곳은 북극지방이다.

장 주젤과 안느 드브루아즈의 연구에 따르면, 지난 30년 동안 알래스카의 겨울 온도는 평균 2~3℃ 상승했다고 한다.

북극과 가까울수록 기온상승이 높고 변화도 격해진다.

일부 분석모델에서는 캐나다와 시베리아 등의 지역은 무려 10℃나 기온이 상승할 것으로 예측한다.

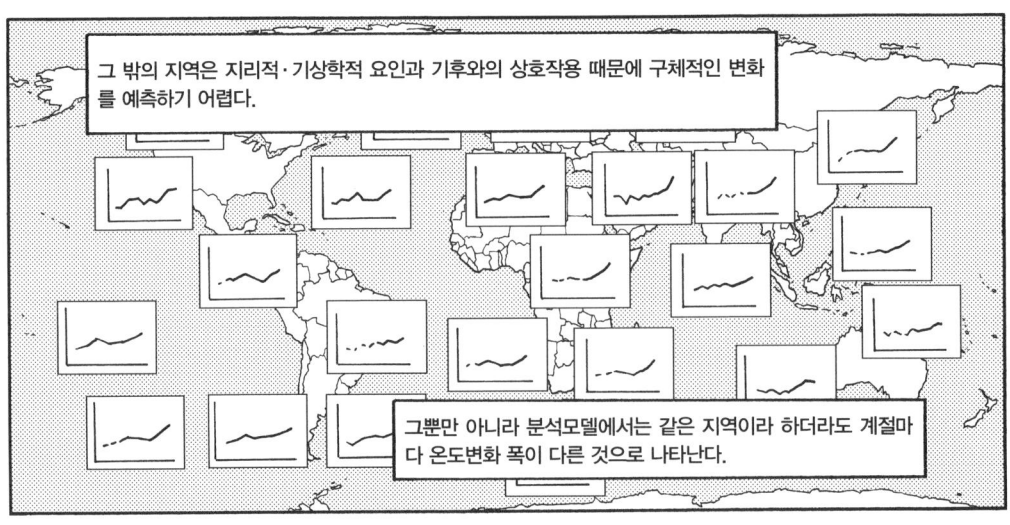

* 사하라 사막 남쪽의 건기 지역. 현재 지구온난화로 인해 수년째 비가 오지 않아 극심한 식량난에 허덕이고 있다.

* 본문 속 온실가스 질량은 모두 탄소환산톤이다.
** 2011년 기준, 인간의 온실가스 배출량은 연간 약 430억 톤, 그중 이산화탄소는 약 320억 톤이다.

* 2011년 기준, 한국의 이산화탄소 배출량은 세계 7위다.　** 2011년 기준, 1인당 연간 온실가스 배출량은 미국 21톤, 중국 7.9톤, 한국 13.8톤이다.
*** 2014년 현재 중국은 세계 제1의 이산화탄소 배출국이며, 2위는 미국, 3위는 유럽연합이다.

* 2011년 기준, 프랑스의 1인당 온실가스 배출량은 약 7.5톤, 멕시코는 5.9톤, 아프리카는 1톤이다.

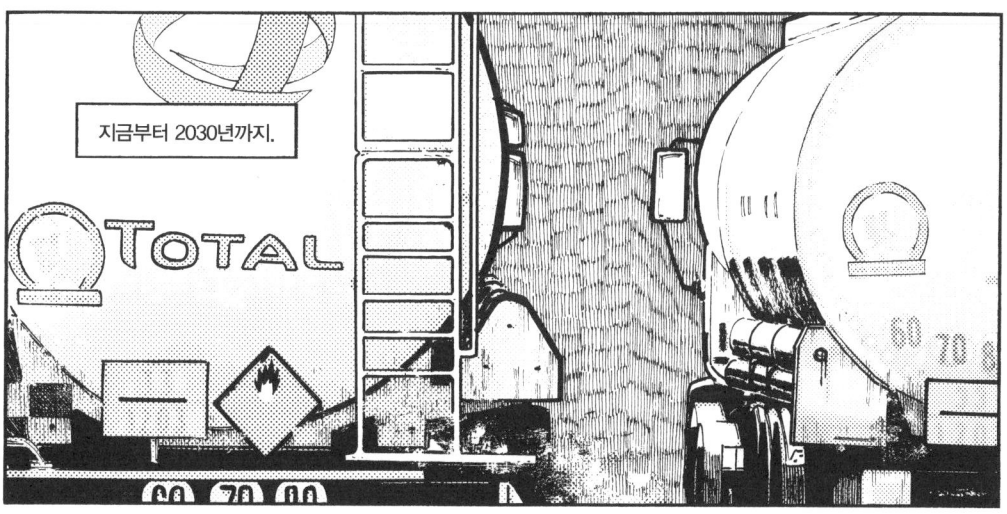

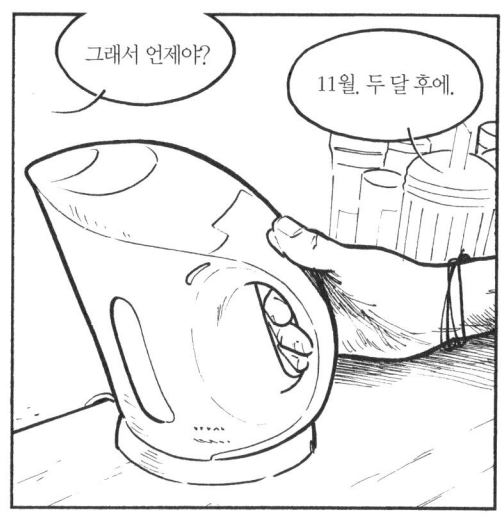

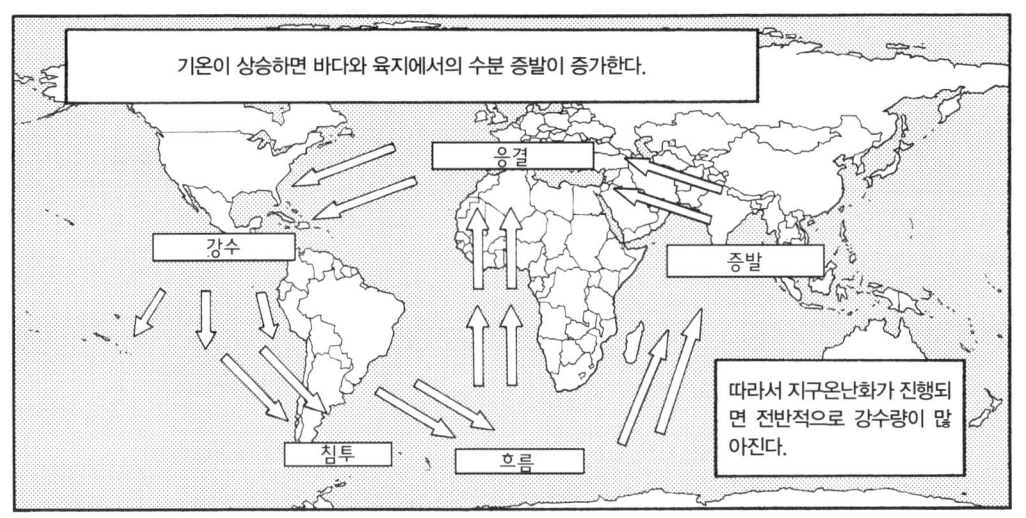

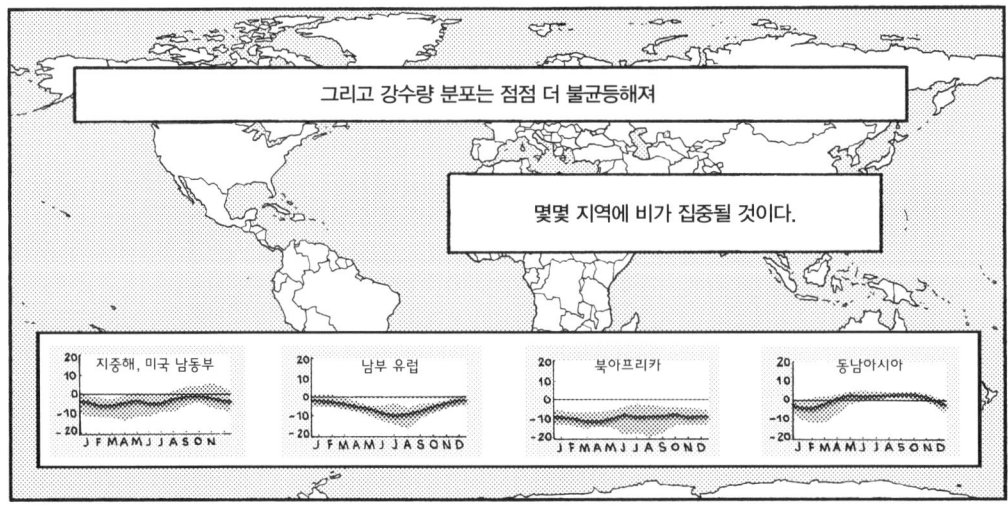

일부 분석모델은 북유럽과 아메리카 대륙의 강수량이 증가할 것이라 예측한다.

열대지방과 몬순(계절풍) 지역, 다시 말해 가장 습한 지역에 더 많은 비가 내리는 것이다.

반면 사헬지대, 오스트레일리아, 남아프리카 같은 아열대지방이나 지중해 연안같이 비가 거의 내리지 않는 곳은 건조현상이 더욱 심해질 전망이다.

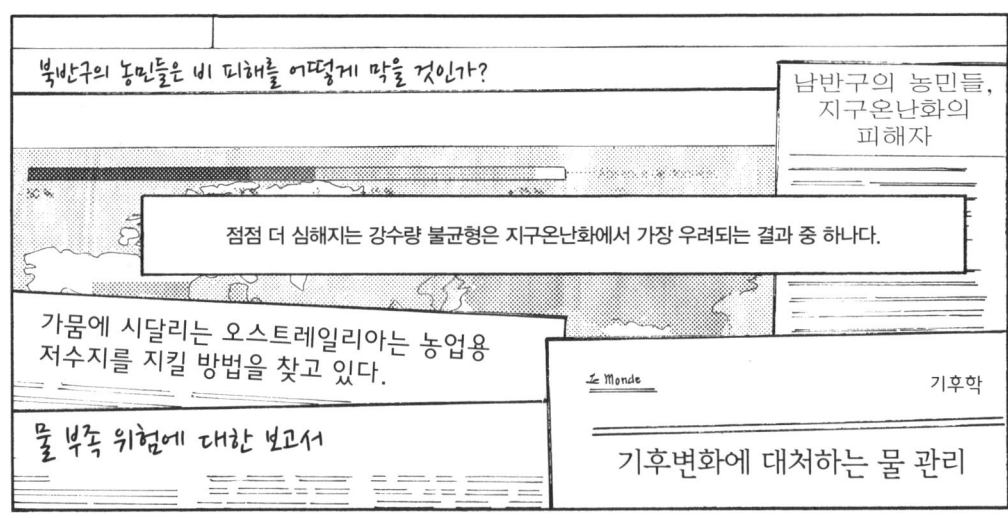

북반구의 농민들은 비 피해를 어떻게 막을 것인가?

남반구의 농민들, 지구온난화의 피해자

점점 더 심해지는 강수량 불균형은 지구온난화에서 가장 우려되는 결과 중 하나다.

가뭄에 시달리는 오스트레일리아는 농업용 저수지를 지킬 방법을 찾고 있다.

Le Monde

기후학

물 부족 위험에 대한 보고서

기후변화에 대처하는 물 관리

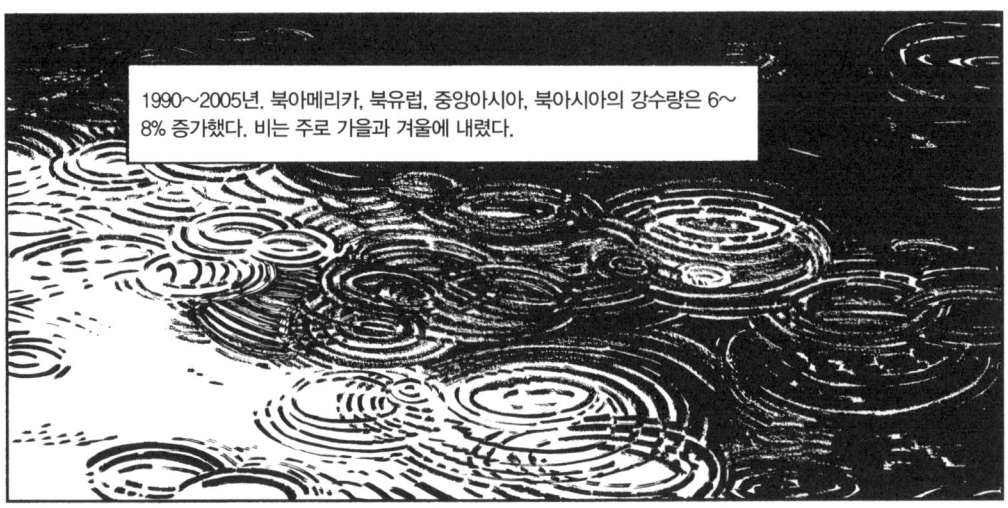

1990~2005년. 북아메리카, 북유럽, 중앙아시아, 북아시아의 강수량은 6~8% 증가했다. 비는 주로 가을과 겨울에 내렸다.

같은 시기. 서아프리카와 아시아의 강수량은 7% 줄어들었다. 호수와 습지의 물 저장량이 위험수준으로 내려갔다.

강수량 저하는 농산물 생산과 식량안전 보장에 치명적이다.

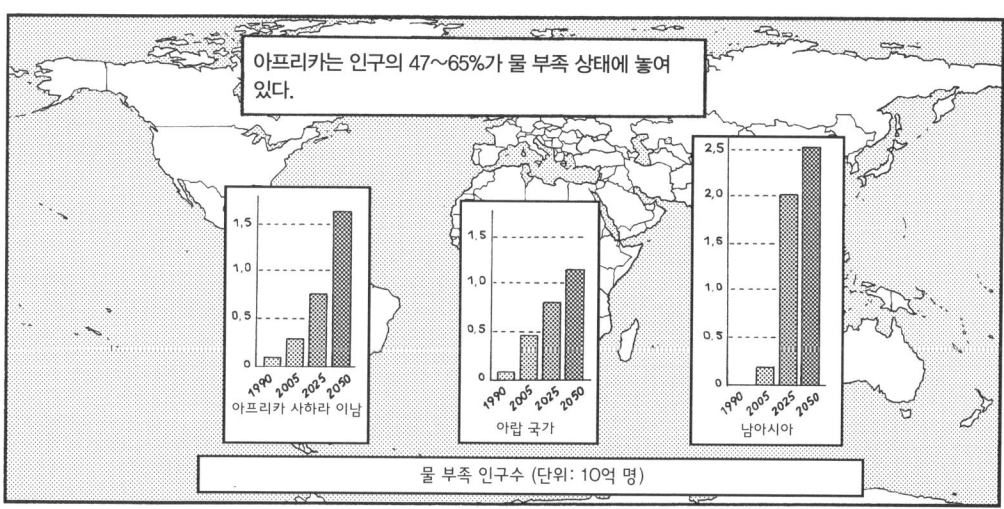

아프리카는 인구의 47~65%가 물 부족 상태에 놓여 있다.

물 부족 인구수 (단위: 10억 명)

오늘날 전 세계 인구의 3분의 1인 17억 명이 물 부족 상황을 겪고 있다.

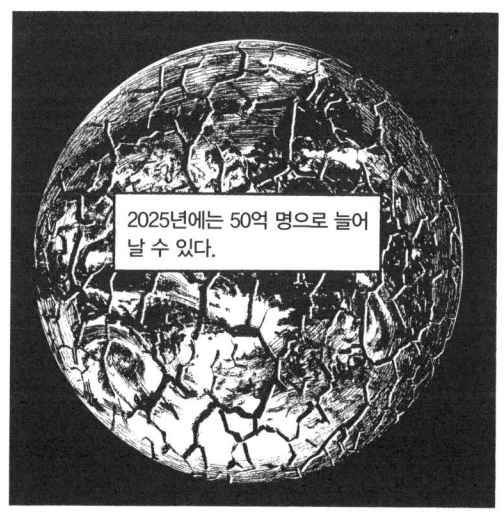

2025년에는 50억 명으로 늘어날 수 있다.

* 미국 제45대 부통령이자 환경운동가. 지구온난화의 심각성을 알려 2007년 IPCC와 함께 노벨평화상을 수상했다.

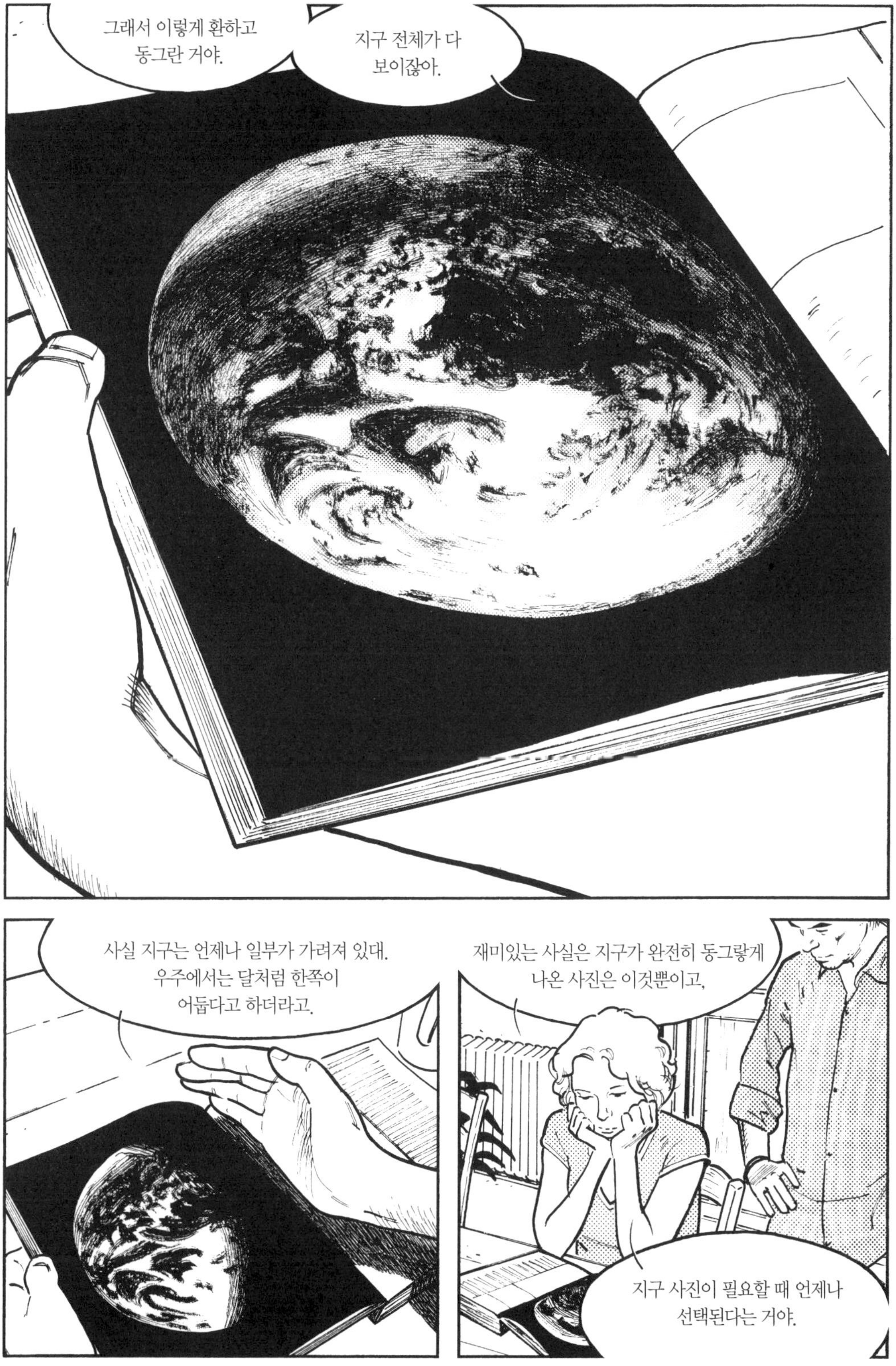

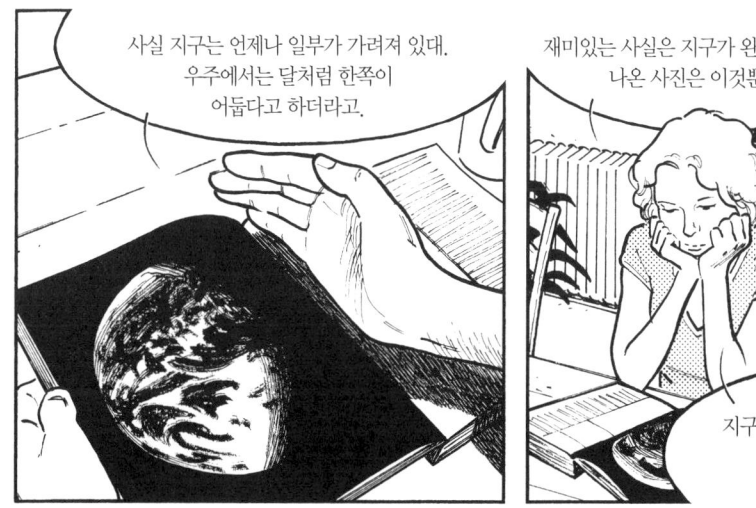

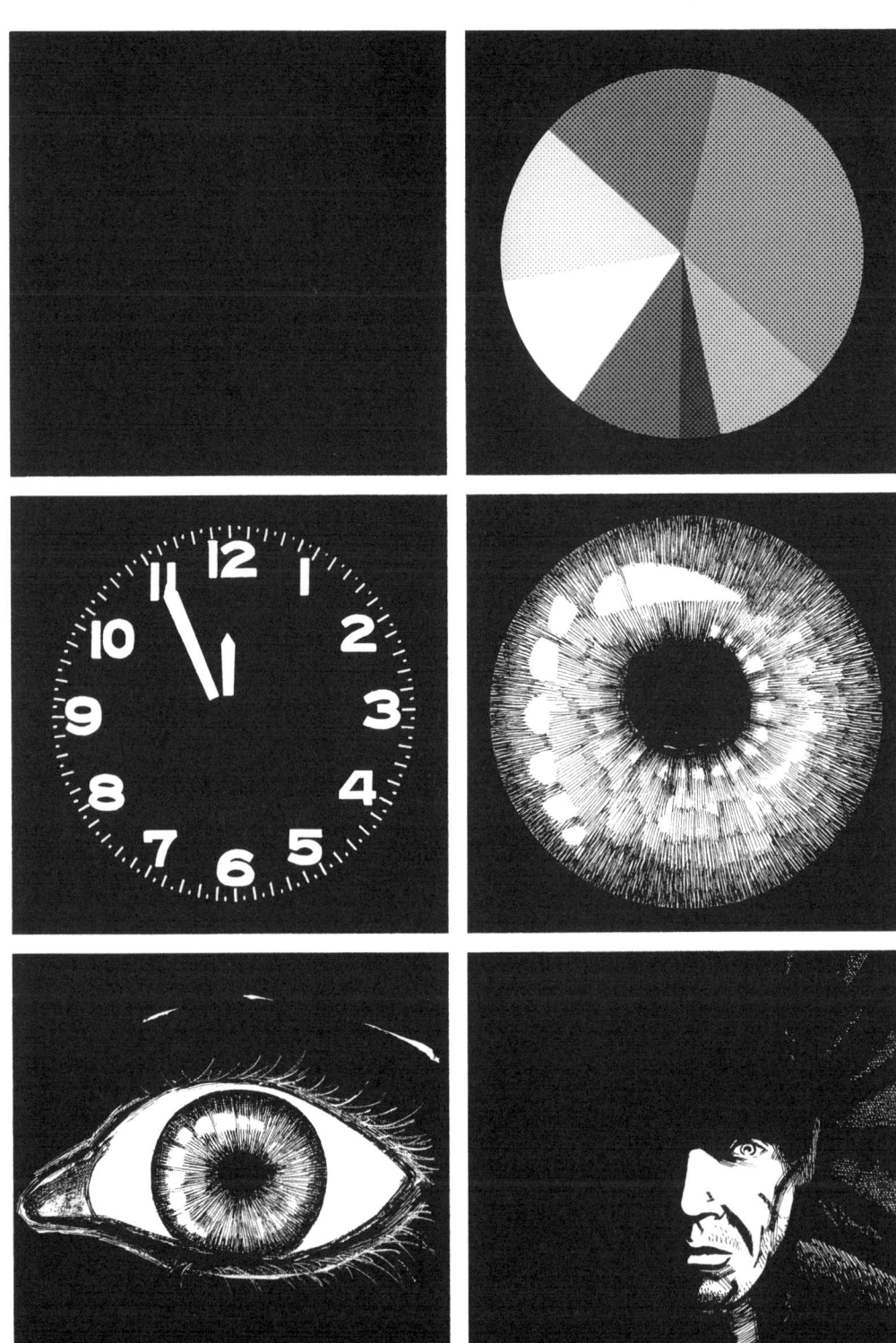

'망할 사륜구동!'

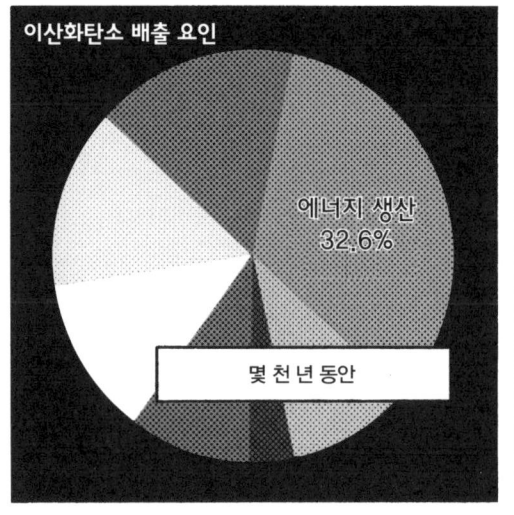

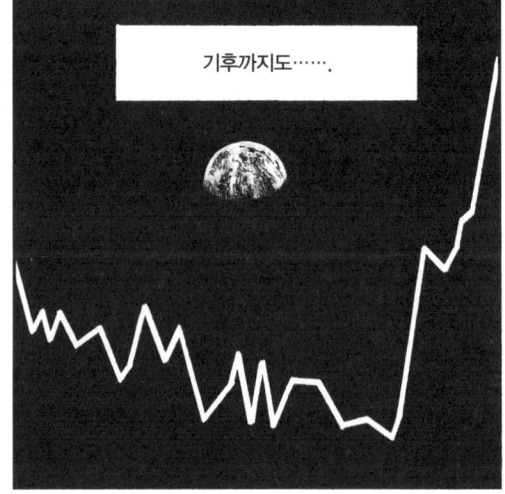

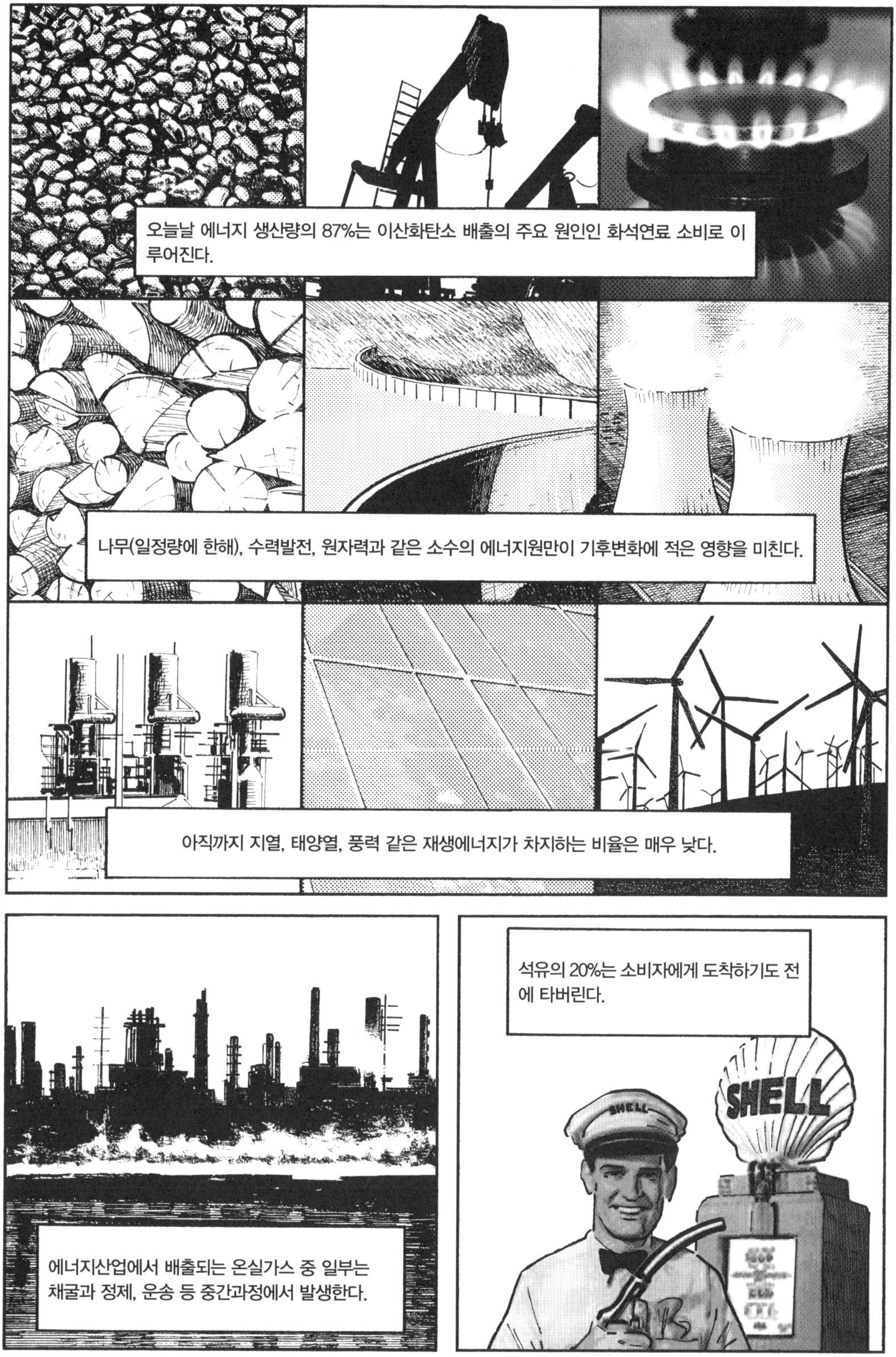

오늘날 에너지 생산량의 87%는 이산화탄소 배출의 주요 원인인 화석연료 소비로 이루어진다.

나무(일정량에 한해), 수력발전, 원자력과 같은 소수의 에너지원만이 기후변화에 적은 영향을 미친다.

아직까지 지열, 태양열, 풍력 같은 재생에너지가 차지하는 비율은 매우 낮다.

에너지산업에서 배출되는 온실가스 중 일부는 채굴과 정제, 운송 등 중간과정에서 발생한다.

석유의 20%는 소비자에게 도착하기도 전에 타버린다.

그러나 에너지산업에서 배출되는 온실가스는 주로 전기 생산과정에서 발생한다.

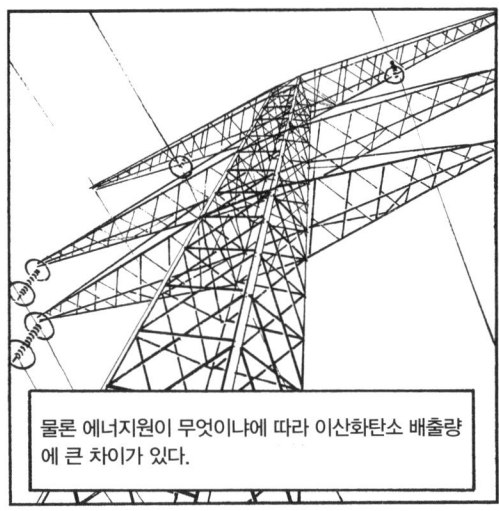

물론 에너지원이 무엇이냐에 따라 이산화탄소 배출량에 큰 차이가 있다.

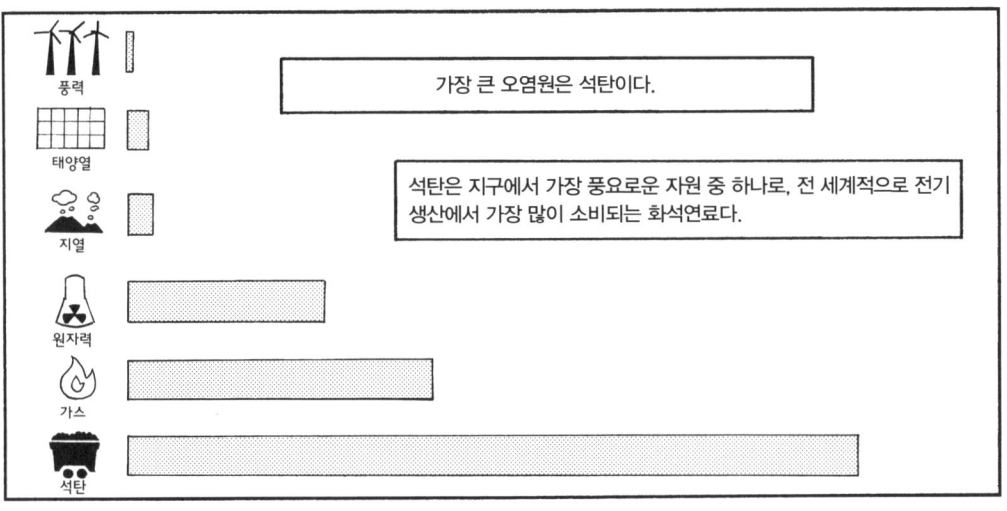

가장 큰 오염원은 석탄이다.

석탄은 지구에서 가장 풍요로운 자원 중 하나로, 전 세계적으로 전기 생산에서 가장 많이 소비되는 화석연료다.

특히나 중국과 미국, 인도에서 많은 양을 소비한다.

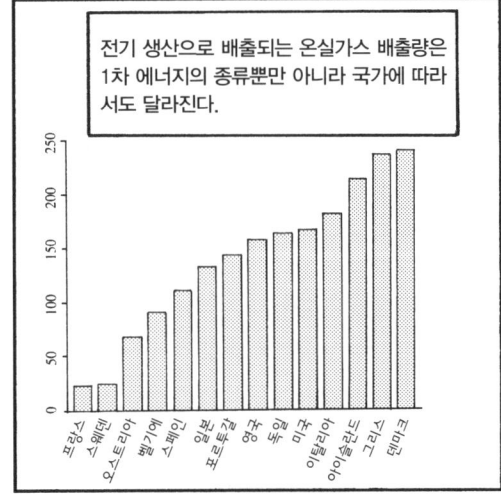

전기 생산으로 배출되는 온실가스 배출량은 1차 에너지의 종류뿐만 아니라 국가에 따라서도 달라진다.

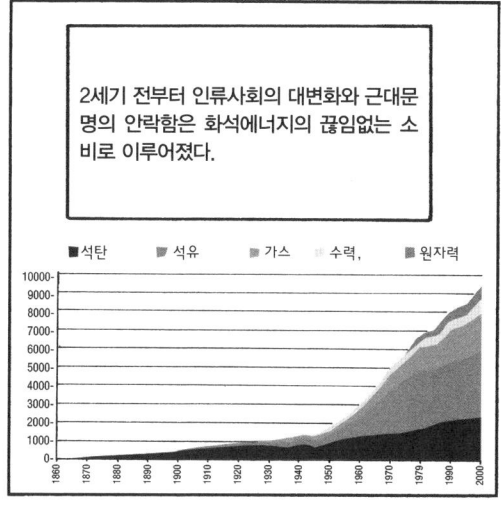

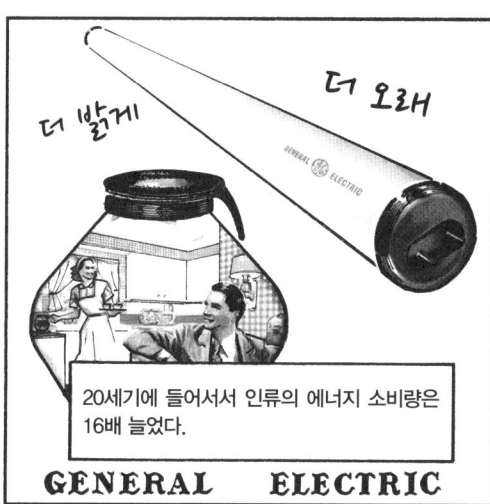

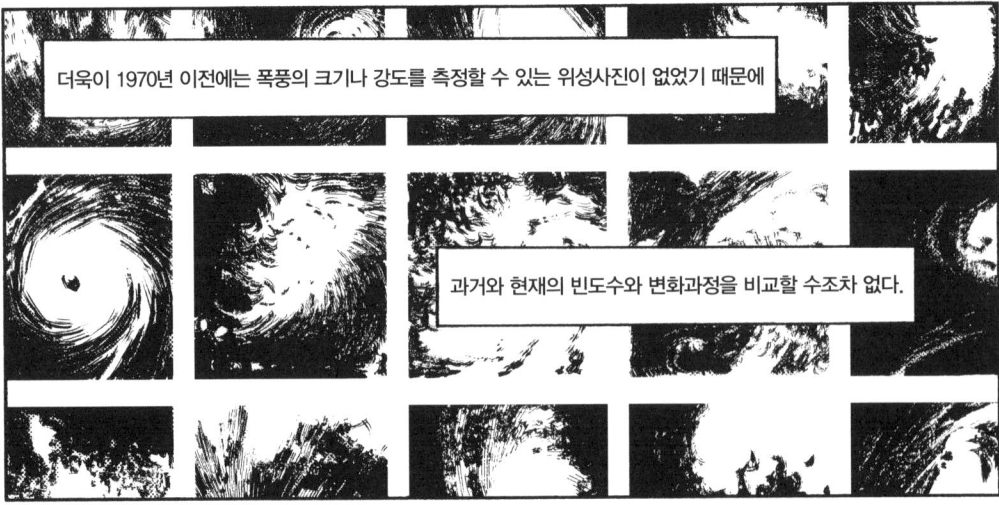

ARLENE	8 - 11 juin		DENNIS	4 - 11 juillet
BRET	28 - 29 juin		EMILY	11 - 21 juillet
CINDY				4 - 18 août
FRANK				23 - 30 août
GERT	23 - 25 juillet		MARIA	1er - 10 septembre
HARVEY	2 - 8 août		NATE	5 - 10 septembre
JOSE	22 - 23 août		OPHELIA	6 - 17 septembre
LEE	28 août - 1er septembre	PHILIPPE	17 - 23 septembre
TAMMY	5 - 6 octobre			septembre
ALPHA	22 - 24 octobre			octobre
GAMMA	13 - 19 novembre		VINCE	9 - 11 octobre
DELTA	23 - 28 novembre		WILMA	15 - 25 octobre

2005년에 일어난 태풍은 그 크기와 수에 있어 모든 면에서 최고 기록을 세웠다. 만만치 않았던 2004년을 능가했다.

북대서양 태풍은 라틴어의 알파벳 이름을 붙이기 시작했는데, 수가 모자라 처음으로 그리스어의 알파벳까지 차용했다.

또한 1942년 이후 처음으로 이베리아 반도에 사이클론 빈스가 상륙했고

최초로 한 계절에 5등급의 허리케인이 4개나 형성됐다. 에밀리, 카트리나, 리타, 윌마.

윌마는 북대서양에서 발생한 허리케인 중 가장 강력했다.

윌마로 인해 미국, 남아메리카, 카리브 해에서 홍수와 산사태가 일어나 엄청난 피해가 발생했다.

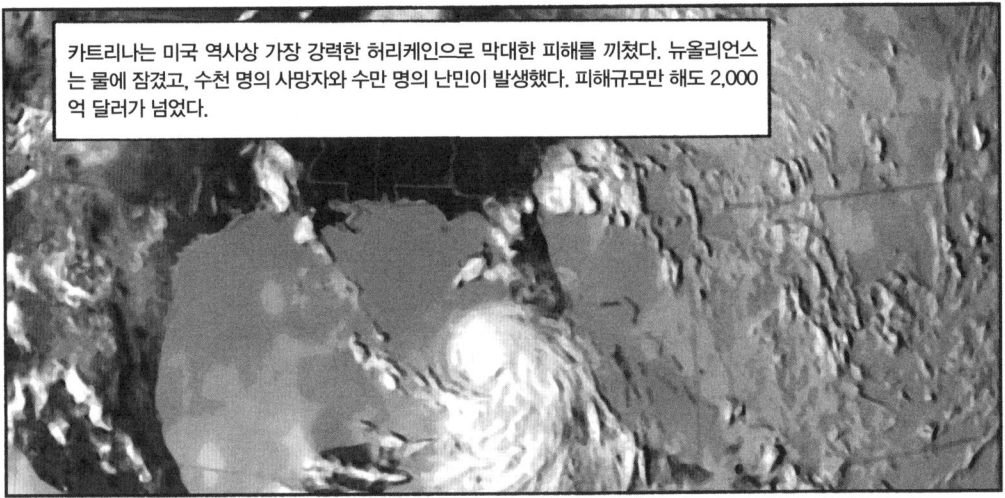

카트리나는 미국 역사상 가장 강력한 허리케인으로 막대한 피해를 끼쳤다. 뉴올리언스는 물에 잠겼고, 수천 명의 사망자와 수만 명의 난민이 발생했다. 피해규모만 해도 2,000억 달러가 넘었다.

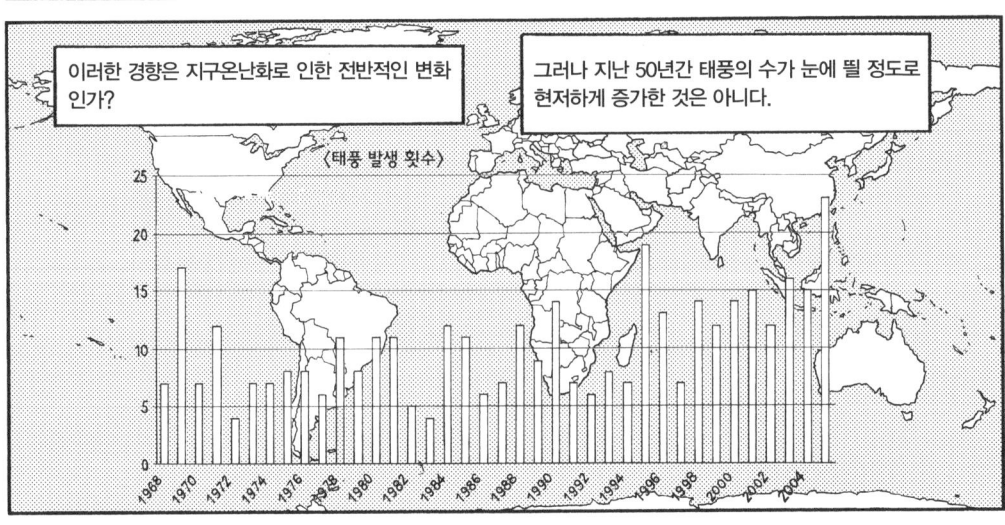

이러한 경향은 지구온난화로 인한 전반적인 변화인가?

그러나 지난 50년간 태풍의 수가 눈에 띌 정도로 현저하게 증가한 것은 아니다.

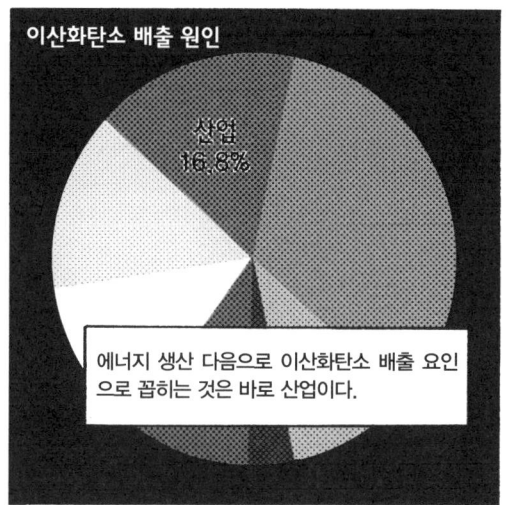

에너지 생산 다음으로 이산화탄소 배출 요인으로 꼽히는 것은 바로 산업이다.

온실가스 배출 전체를 놓고 보면 가장 큰 요인이다.

금속, 유리, 시멘트, 종이 등의 기초재료의 생산과정에서 산업 분야의 80%에 달하는 오염물질이 대기 중에 배출된다.

오염물질에는 모든 가스가 혼합돼 있다.

나머지 20%는 완성 단계에서 발생한다.

완제품은 그 질량보다 1~2배 더 많은 온실가스를 배출한다.

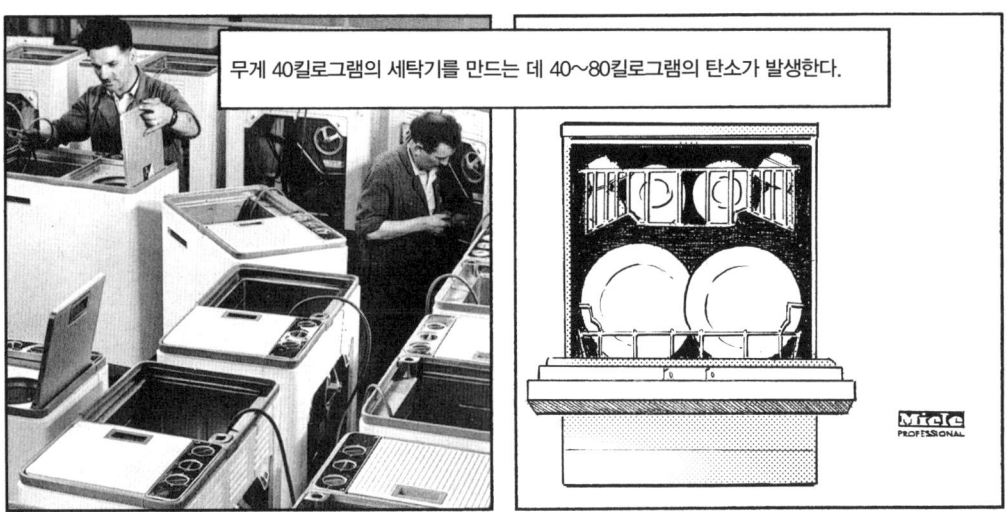

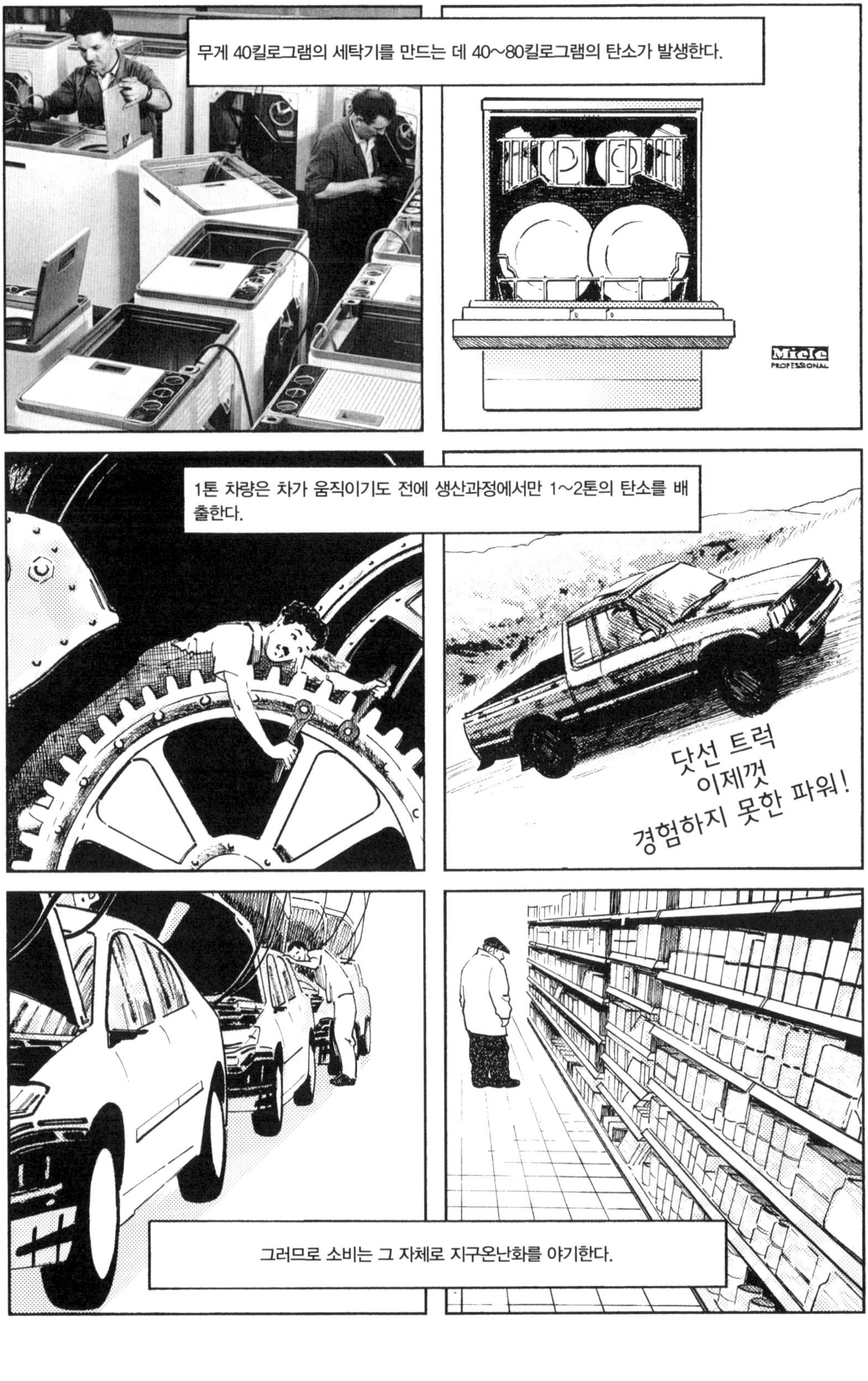

* 탄소환산톤.

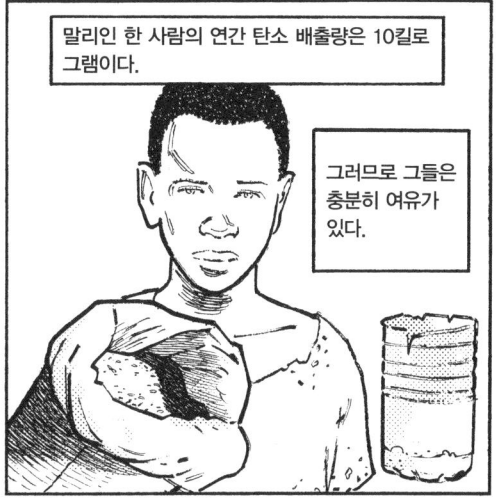

* 2013년 전 세계 이산화탄소 배출량은 361억 톤으로 사상 최대를 기록했다.
** 2013년 1인당 연간 이산화탄소 배출량은 미국 16.5톤, 중국 7.2톤, 유럽연합 6.8톤이며, 한국은 2010년 기준 11.4톤이다.

제한목표량 500킬로그램은 도시에서 경차를 6개월간 운전했을 때 발생하는 양이며

앞선 기술을 지키기 위한 혁신

사륜구동이나 고배기량 자동차의 경우 1~2개월 만에 발생한다.

파리와 뉴욕을 왕복하는 비행기는 한번에 탄소 500 킬로그램을 배출한다.

"에어프랑스는 75년 전부터 하늘을 아름답게 수놓고 있습니다."

온실가스 전체를 놓고 본다면 편도만으로도 상당한 양이다.

문제는 이 500킬로그램이라는 제한목표량이 너무 낮다는 점이다.

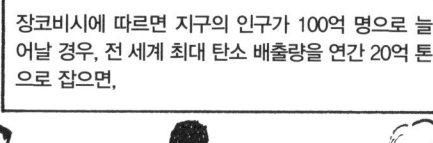
장코비시에 따르면 지구의 인구가 100억 명으로 늘어날 경우, 전 세계 최대 탄소 배출량을 연간 20억 톤으로 잡으면,

1인당 제한목표량은 겨우 200킬로그램밖에 되지 않는다고 했다.

말하자면 모든 이가 가난한 인도인의 생활수준밖에 영위하지 못하는 것이다.

탄소 200킬로그램은 오늘날 프랑스인이 배출하는 양의 10%도 안 된다.

미국인의 3%도 안 되고.

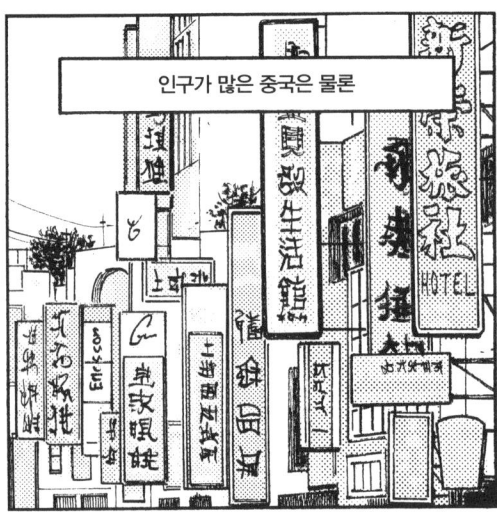

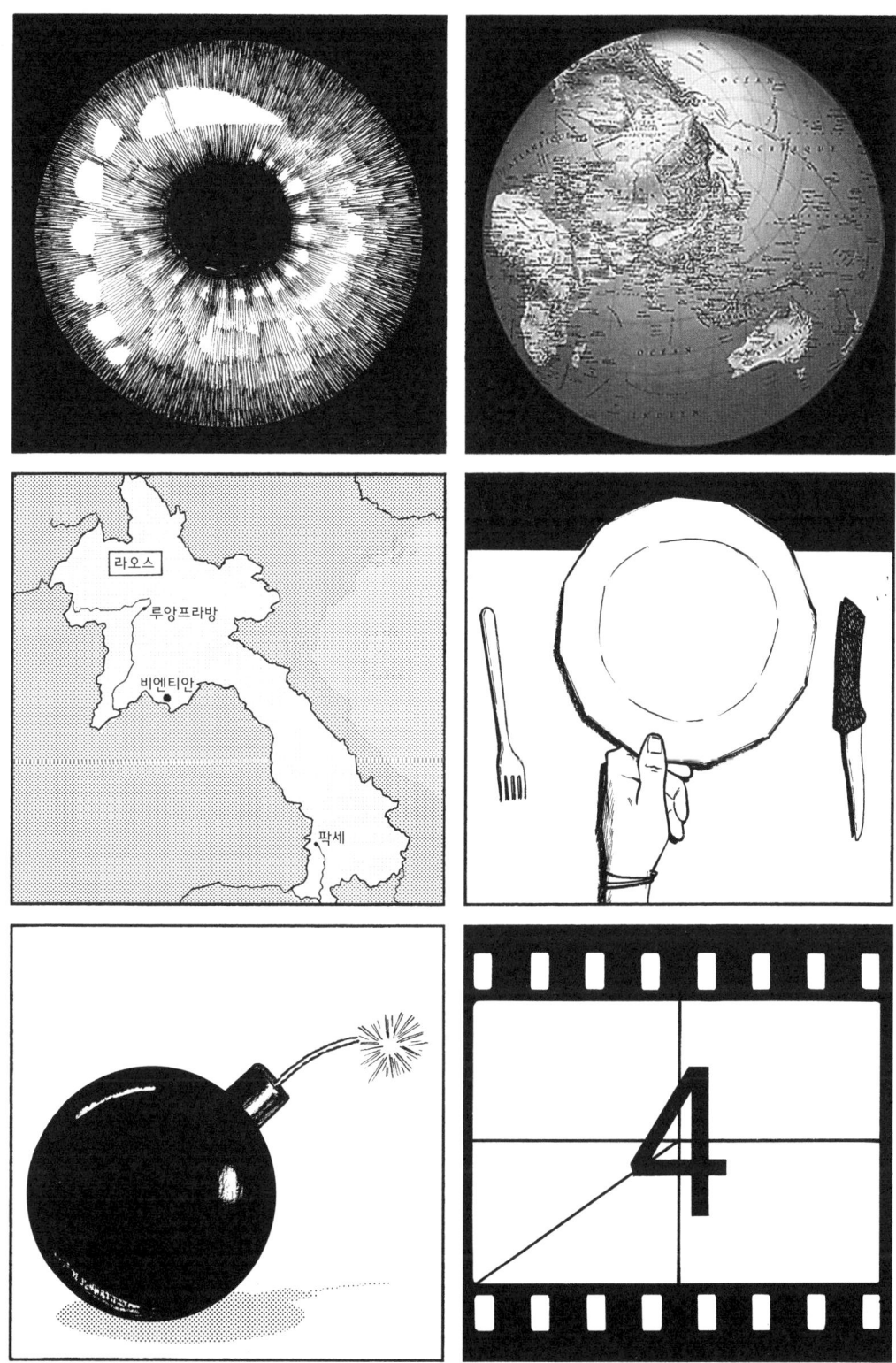

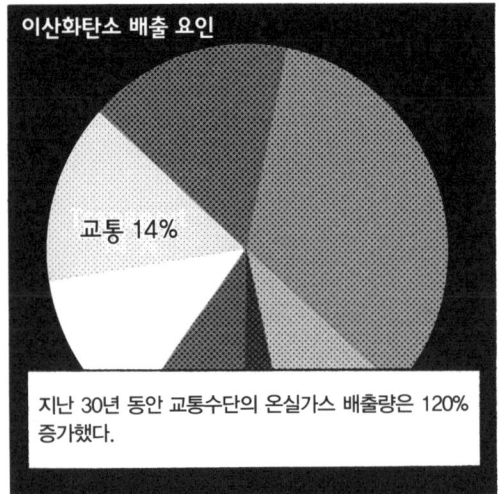

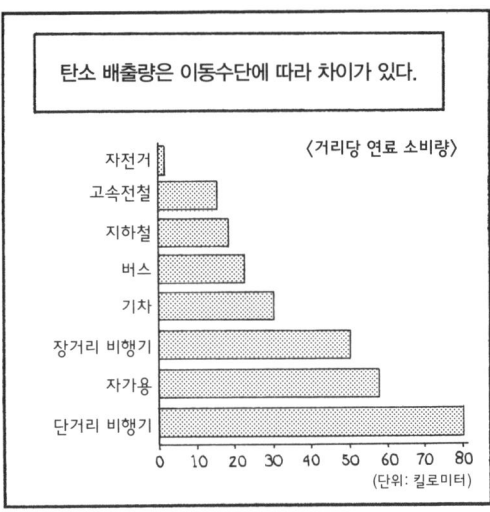

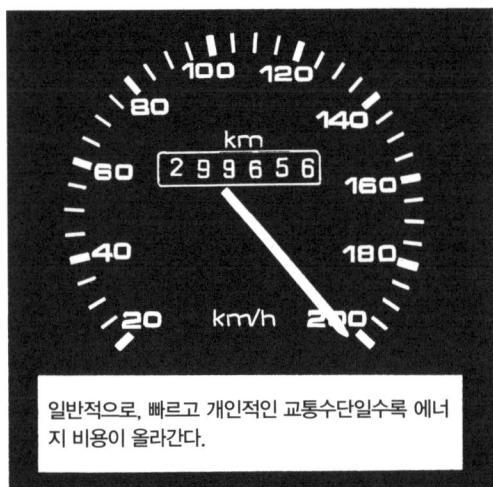

* 탄소환산톤.

경전철과 지하철, 버스는 탑승자 1명이 1킬로미터당 1~2그램의 탄소를 배출한다.

원자력과 수력에서 생산한 전기로 가동되는 기차는 탑승자 1명이 단지 0.1그램의 탄소를 배출한다.

하지만 주로 석탄을 소비해 전기를 생산하는 영국의 경우 같은 기차라 하더라도 1.2그램이 넘는 탄소를 배출한다.

어쨌든 기계인 교통수단 중에서는 기차가 온실가스를 가장 적게 배출한다.

해상교통수단의 탄소 배출량은 기차와 비슷한 수준이지만 전체 이용객 수가 많지 않다.

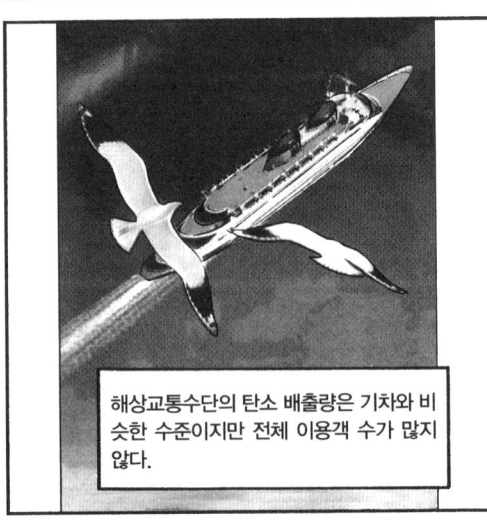

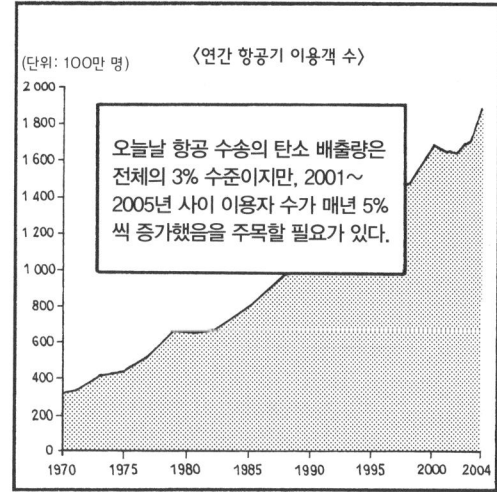

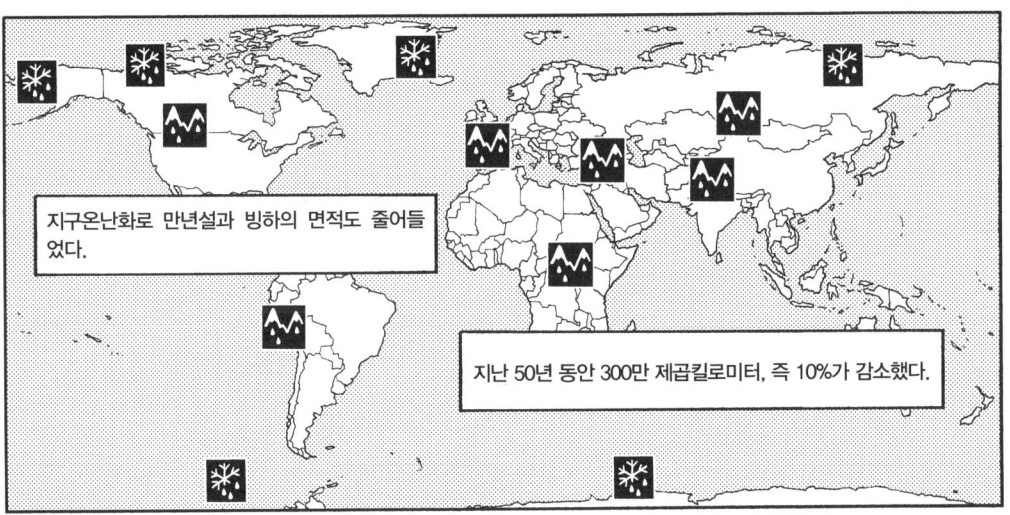

지구온난화로 만년설과 빙하의 면적도 줄어들었다.

지난 50년 동안 300만 제곱킬로미터, 즉 10%가 감소했다.

세계 곳곳에서 만년설이 사라지고 있다. 산 정상에 있는 눈은 아직 괜찮지만, 나머지는 대개 녹고 있는 추세다.

1850년 이후 녹기 시작한 알프스 산맥의 만년설은 현재 절반으로 축소됐고, 그 속도가 점차 빨라지고 있다.

피레네 산맥의 경우 이미 80%나 줄어들었다.
40년 후에는 완전히 사라진다.

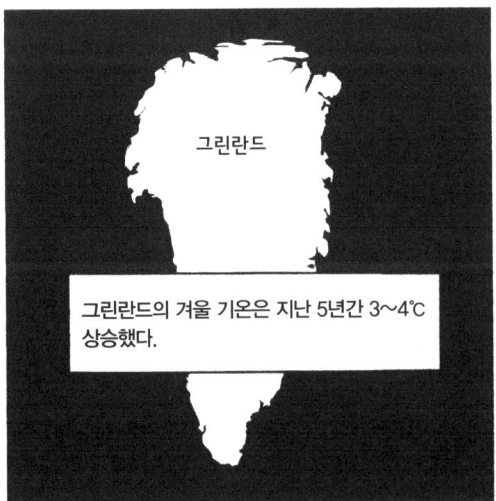

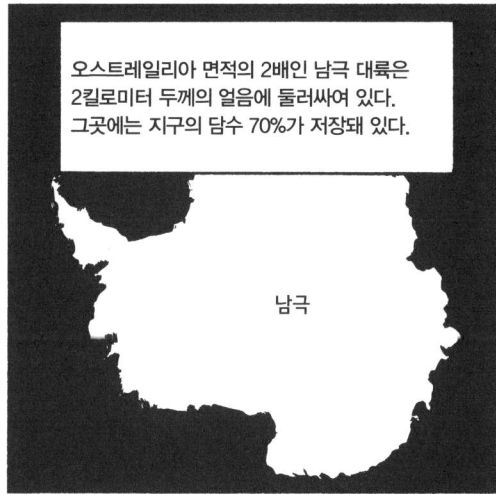

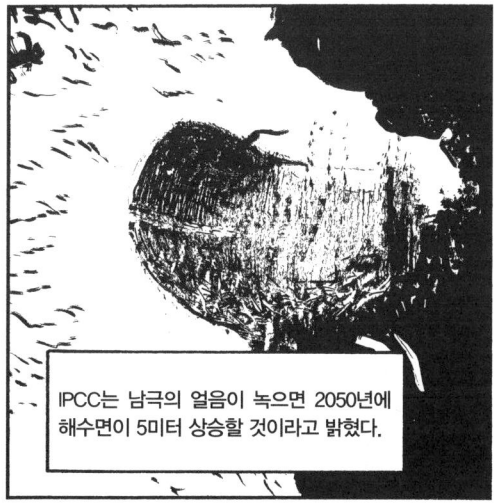

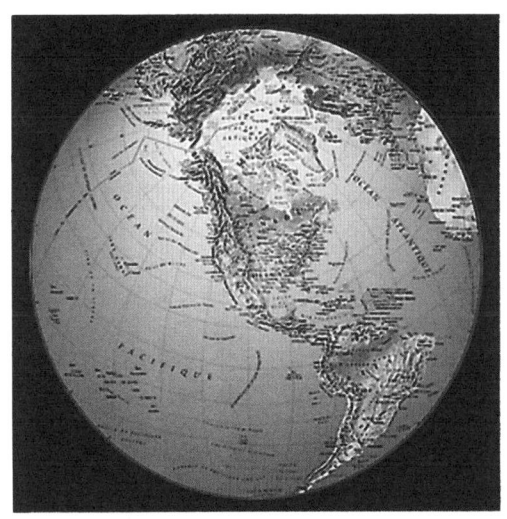
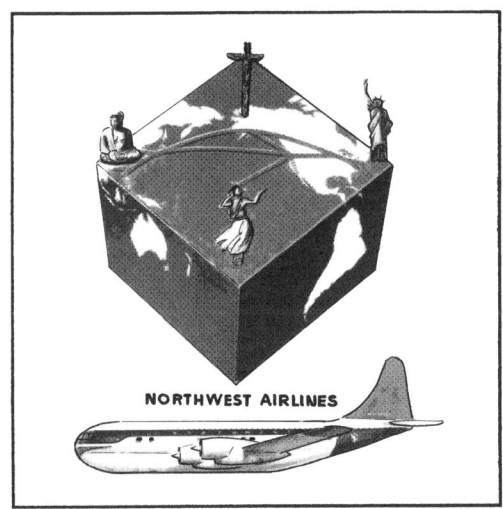

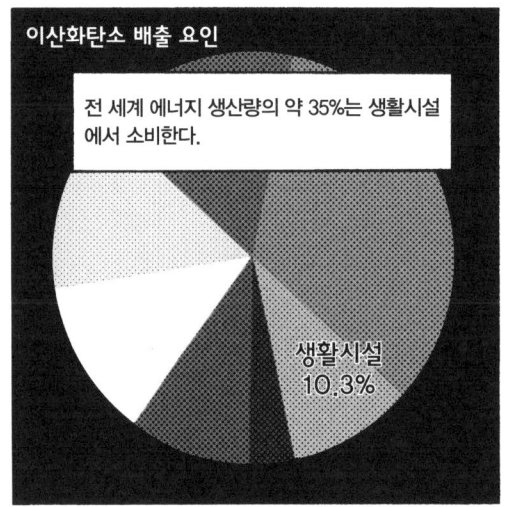

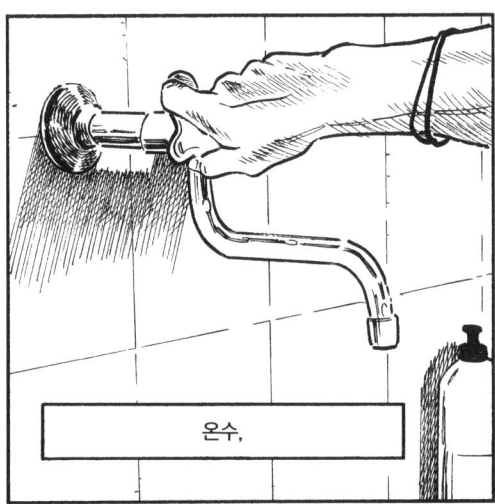

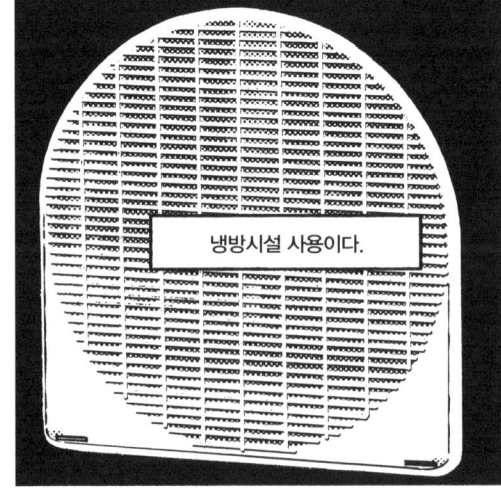

반면에 가난한 국가의 경우 생활시설에서 사용하는 에너지 소비량이 매우 적다.

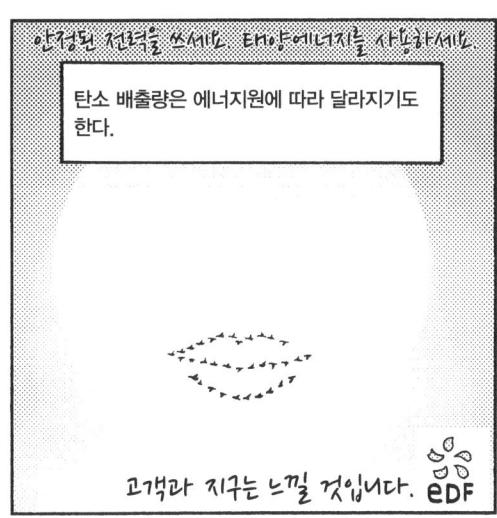

탄소 배출량은 에너지원에 따라 달라지기도 한다.

중유의 경우 가구당 매년 3,000리터를 소비한다면 2.4톤의 탄소를 배출하게 된다.

전기난방을 하는 경우에는 국가마다 다르다.

프랑스에서는 0.6톤을 배출하는 데 반해, 주로 석탄을 소비해 전기를 생산하는 덴마크는 5.5톤을 배출한다.

그리고 공동주택보다 개인주택이 훨씬 더 많은 에너지를 소비한다.

미국의 경우 에너지 소비량의 6%는 냉방장치 사용에서 발생한다.

냉방장치 사용은 전 세계적으로 증가하고 있다.

지구온난화와 냉방기는 영향을 주고받는다. 기온이 상승하면 실내온도를 낮추기 위해 더 많은 에너지를 소비하게 되는데,

이는 온실가스 배출을 늘려 지구온난화를 심화시킨다.

특히 에어컨은 실내를 시원하게 만드는 만큼 외부에 더운 공기를 내뿜는다.

에어컨은 도시 전체를 뜨겁게 달구는 것이다.

비단 설비시설만이 아니라 건물은 그 자체로 탄소 배출량이 많은 건축자재를 대량으로 소비한다.

예를 들어 시멘트 1톤은 235킬로그램의 탄소를 배출한다.

또한 건축자재는 대부분 트럭을 이용해 장거리 운송된다.

대략 따져보면 집 한 채를 짓는 데 0.3평당 120킬로그램의 탄소가 배출되는 것이다.

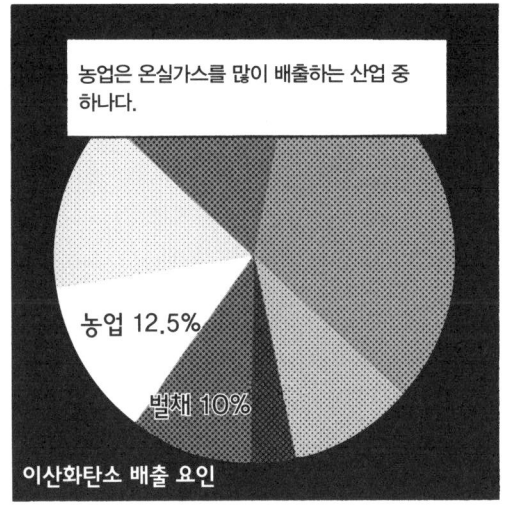

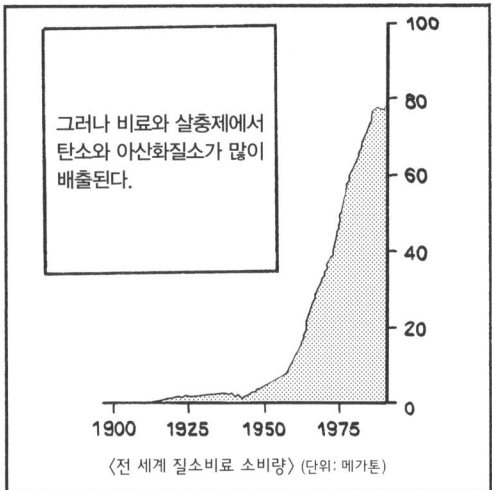

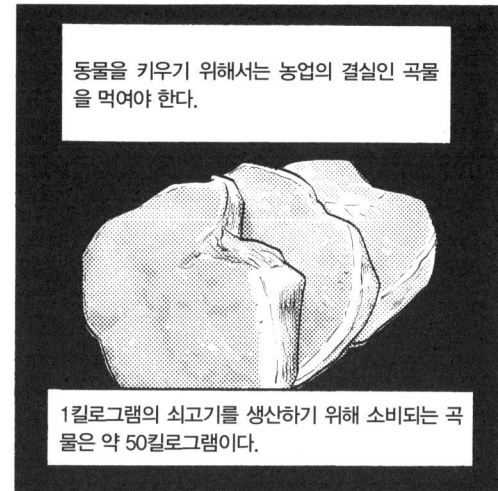

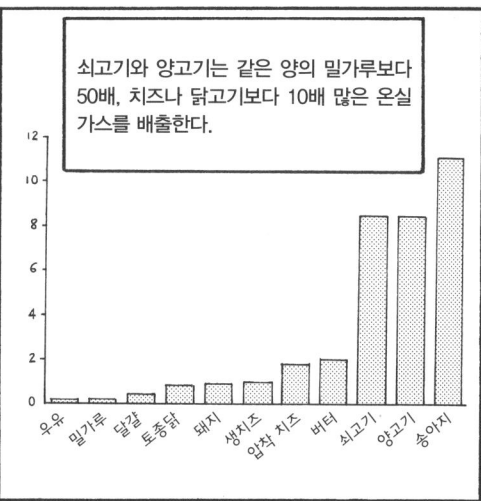

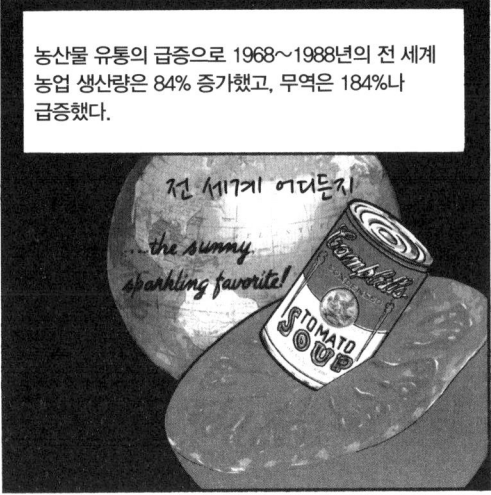

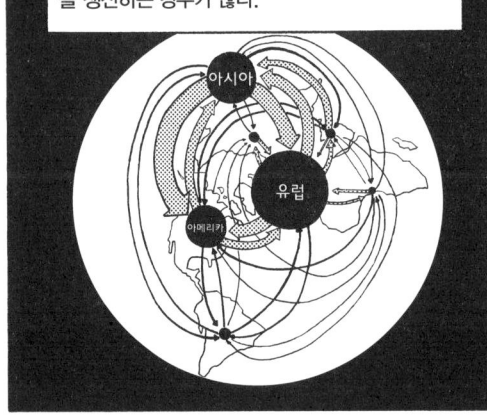
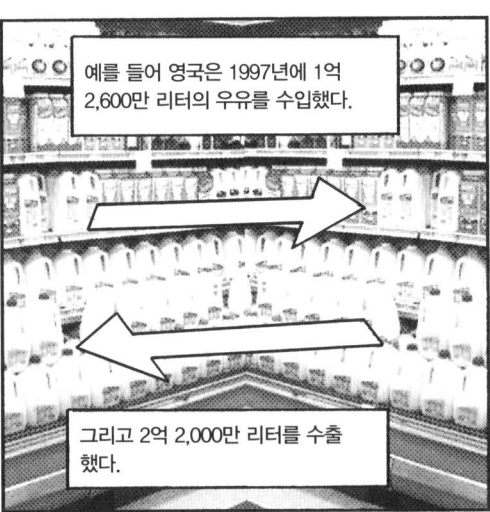

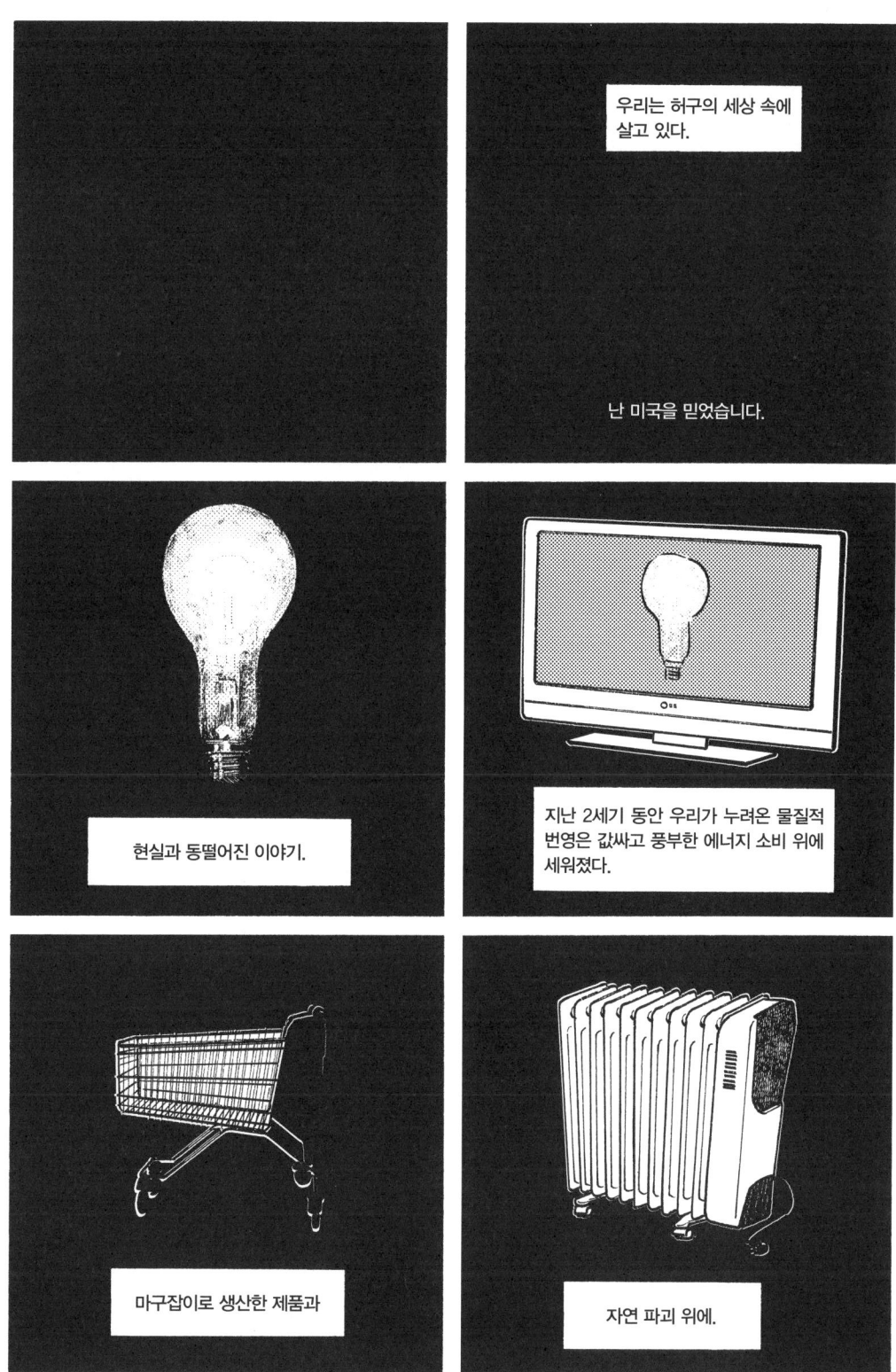

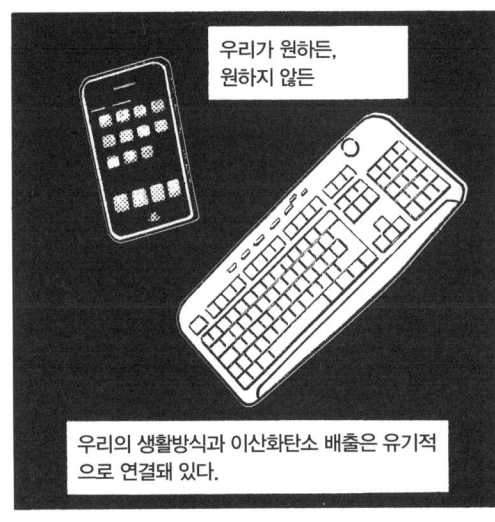

우리가 원하든, 원하지 않든

우리의 생활방식과 이산화탄소 배출은 유기적으로 연결돼 있다.

온실가스는 우리 주변 어디에나 있다.

우리의 먹거리와 집, 차, 심지어 취미생활에도.

지구온난화는 우리의 활동, 우리의 욕망 때문에 일어난다.

상점에서 산 모든 제품에서.

먹고, 이동하고, 따뜻하게 사는 방식에서.

우리의 사회와 우리의 정신에서 이산화탄소를 제거하는 일은 쉽지 않을 것이다.

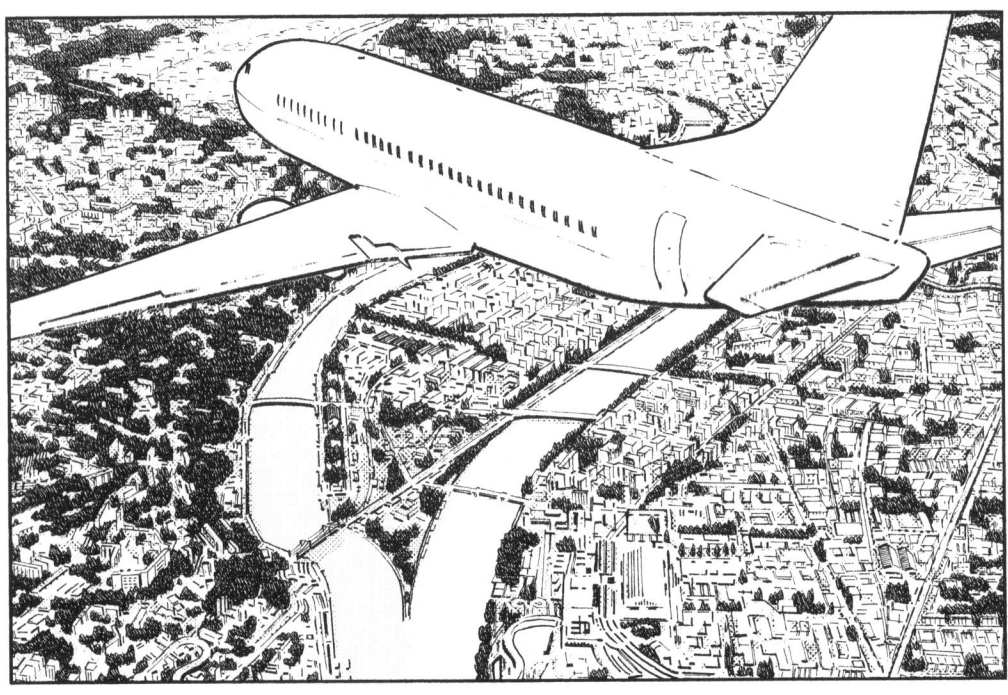

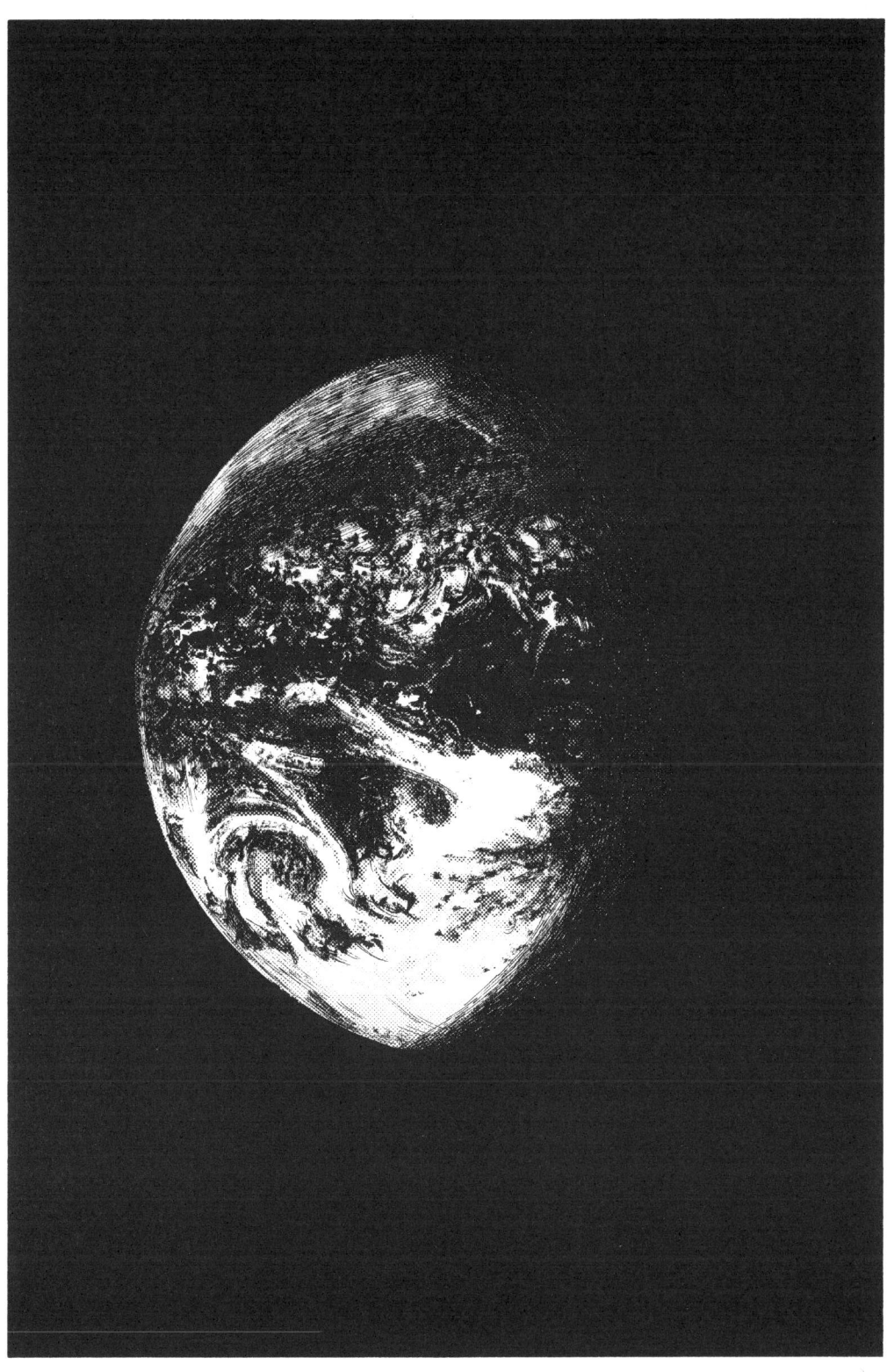

4 혼도의 미래
기후변화가 몰고 올 재앙들

마지막 날 저녁에는 이스트 강가에 앉아 있었다.

해 질 무렵,

카미유는 줄지어 서 있는 건물들에서 불이 켜지는 모습을 바라봤다.

조깅하는 사람들도 있었고

강물 위로 배가 지나기도 했다.

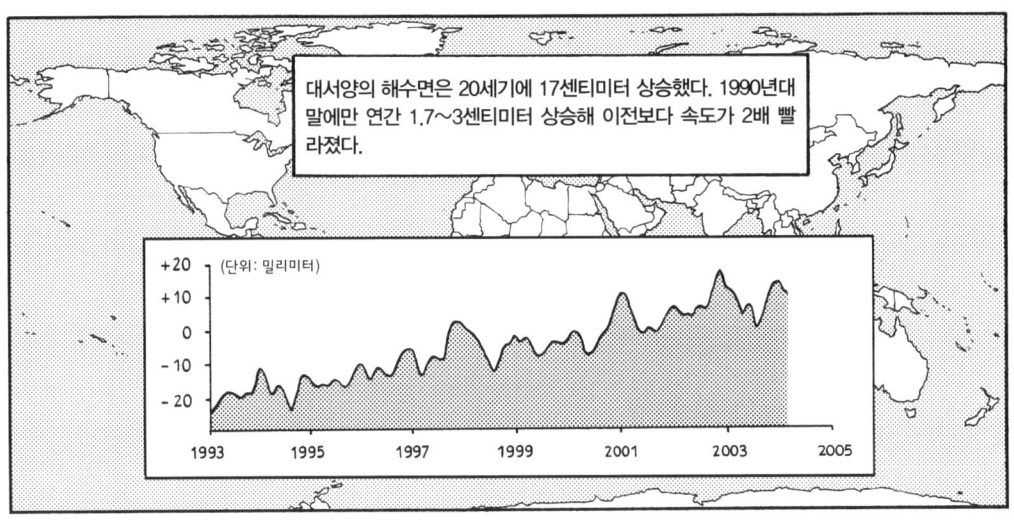

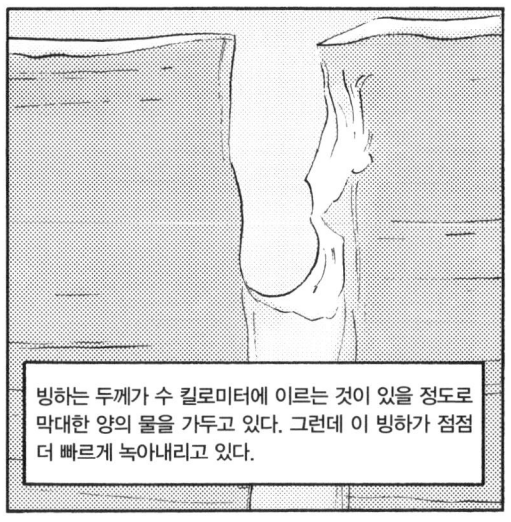
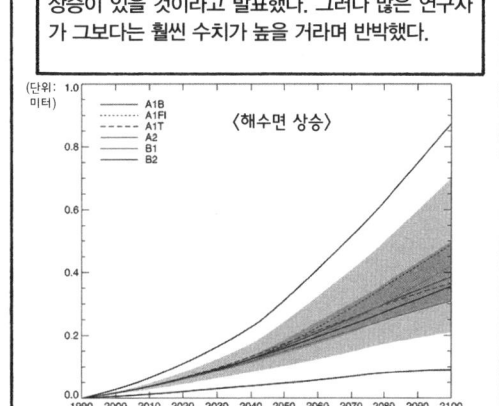

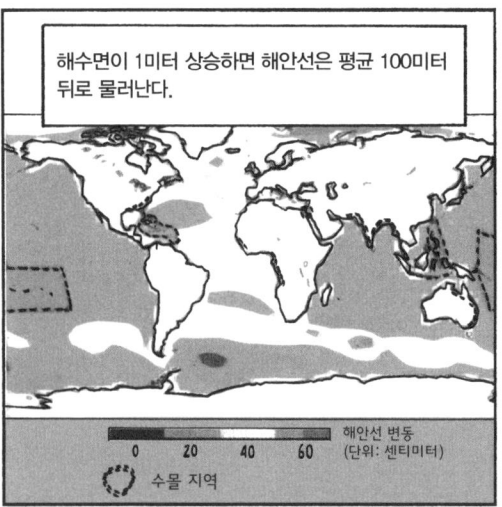

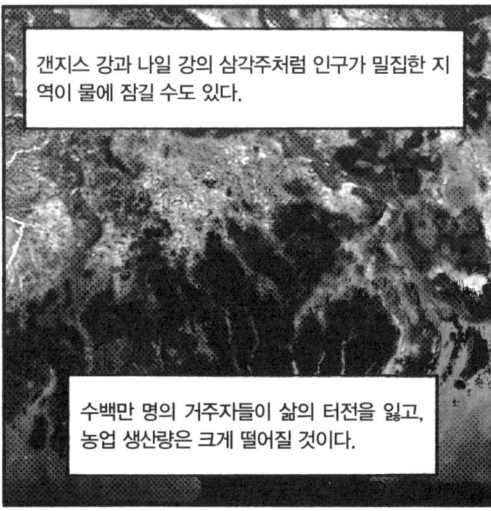

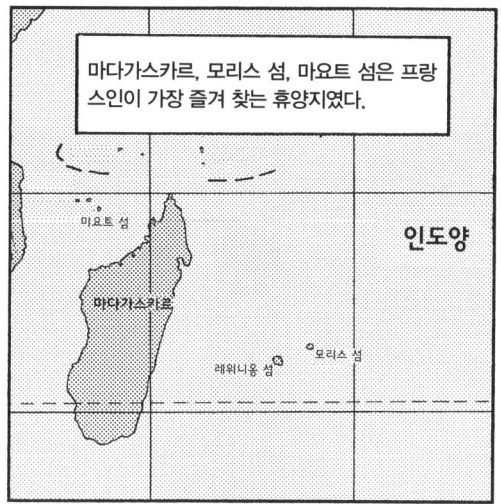

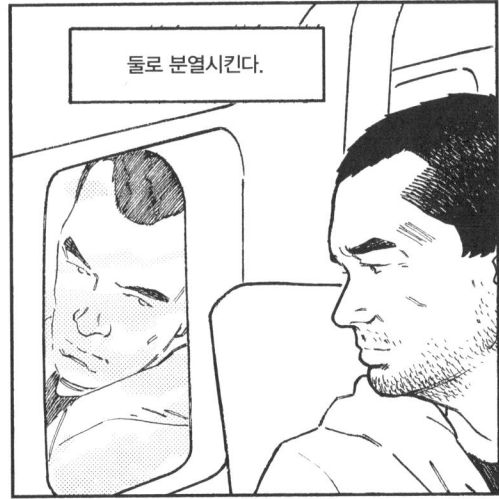

이 허구의 세계에서 계속 살아가기 위해

우리는 진실과 숨바꼭질한다.

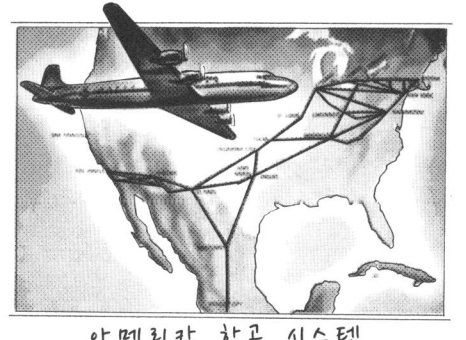

우리는 지금이 위기상황이라는 사실을 알고 있다. 다만 어떻게 행동해야 하는지 확신이 없다.

우리는 이미 다른 이야기가 시작됐음을 알고 있다.

하지만 계속 지난 이야기 속에 남으려고 한다. 마치 아무 일도 없었던 것처럼.

문제는……

그런 삶이 너무나 매혹적이라는 것이다.

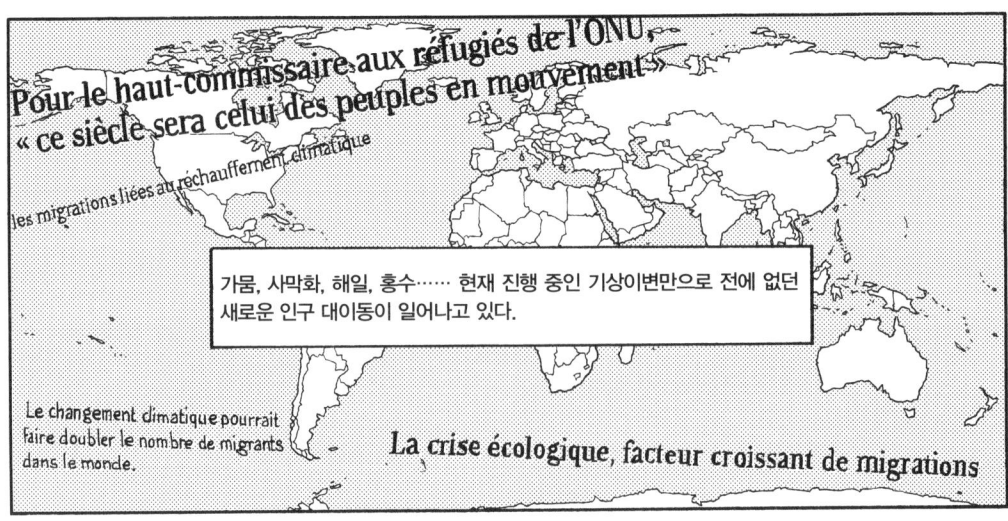

한편 아프리카, 중앙아시아의 국가에서는 물 부족 현상이 심해져

수천 제곱킬로미터, 일부에서는 30%에 달하는 땅의 농업 생산량이 감소할 것이다.

갠지스 강, 메콩 강, 나일 강의 삼각주에서는 해수면이 1미터 상승할 때마다 1만 5,000제곱킬로미터의 농지가 사라질 것이다.

이미 알래스카의 에스키모는 녹기 시작한 섬을 떠나 대륙으로 향하고 있다.

네팔에서는 만년설이 녹아 수많은 호수가 생겼고, 계곡이 물속에 잠겼다.

몰디브와 카터렛, 키리바시의 섬 주민은 해수면이 상승하자 섬을 탈출하기 시작했다.

통계에 따르면 기후변화에 때문에 2,500만~5,000만 명의 이주민이 발생했다고 한다. 그들은 가뭄과 태풍, 홍수를 피해 삶의 터전을 떠났다. 그리고 이러한 인구이동은 점점 빨라지고 있다.

2050년까지 지구온난화로 인해 약 2억 명의 기후난민이 생계수단을 잃고 길 위를 헤매게 될 것이다.

고향을 떠나지 않은 이들은 사회적 혼란과 폭력사태 속에서 살아가게 될지도 모른다.

이농현상도 심각할 겁니다.

지난 15년 동안에도 가난한 국가에서는 수많은 농부가 도시로 이동했습니다. 농업으로 더는 생계를 유지할 수 없었기 때문이죠.

그런데 도시로 이주한다 해도 상황은 별로 나아지지 않을 겁니다. 포화상태에 이른 도시에서 일자리 구하기란 밤하늘의 별 따기처럼 어렵겠죠. 그러면 사태는 더욱 복잡해집니다.

또한 포화상태에 이른 도시는 시설 부족으로 식수공급, 정화 등의 문제를 겪습니다. 이때 비라도 내리면 온갖 질병이 발생하고 홍수가 나겠죠.

도시는 과열되고 끝내 폭발할 겁니다. 우리는 도시에서도, 시골에서도 더는 정상적으로 작동하지 않는 사회시스템에 의해 혼란에 빠지게 되고요.

지구온난화에 대해 알아가기 시작하면서 한 동안 잠을 이룰 수 없었다.

한밤중에 깨어나 이렇게 중얼거렸다.
"뭔가 해야 해."

"우리에겐 시간이 별로 없어."

그리고

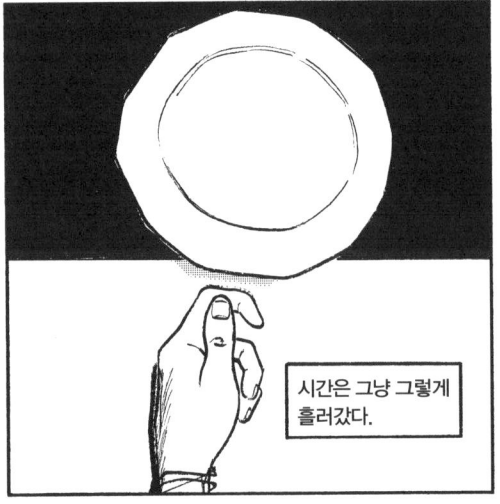
시간은 그냥 그렇게 흘러갔다.

문제의식은 2년이란 시간과 함께 점점 흐려졌다.

지구온난화의 진행상황을 두 눈으로 직접 확인할 수 없다는 점도 문제다.

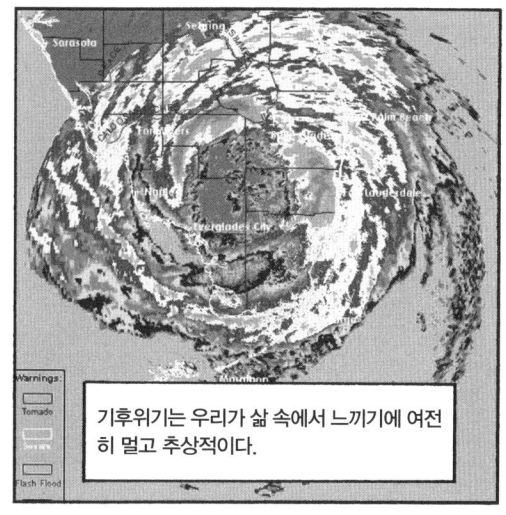

기후위기는 우리가 삶 속에서 느끼기에 여전히 멀고 추상적이다.

우리는 충격과 재앙이 눈앞에서 벌어진 후에야 비로소 행동한다.

하지만 자연의 시간은 우리의 시간과 다르다.

사막화, 빙하의 융해, 해수면 상승 같은 현상은 수십 년에 걸쳐 서서히 진행된다.

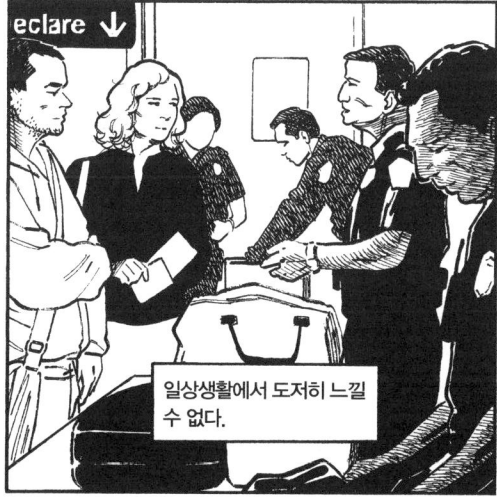

일상생활에서 도저히 느낄 수 없다.

게다가 프랑스에서는 특별한 일도 일어나지 않았다. 겨울이 되면 여전히 눈이 내린다.

우리는 아무것도 보지 못한다.

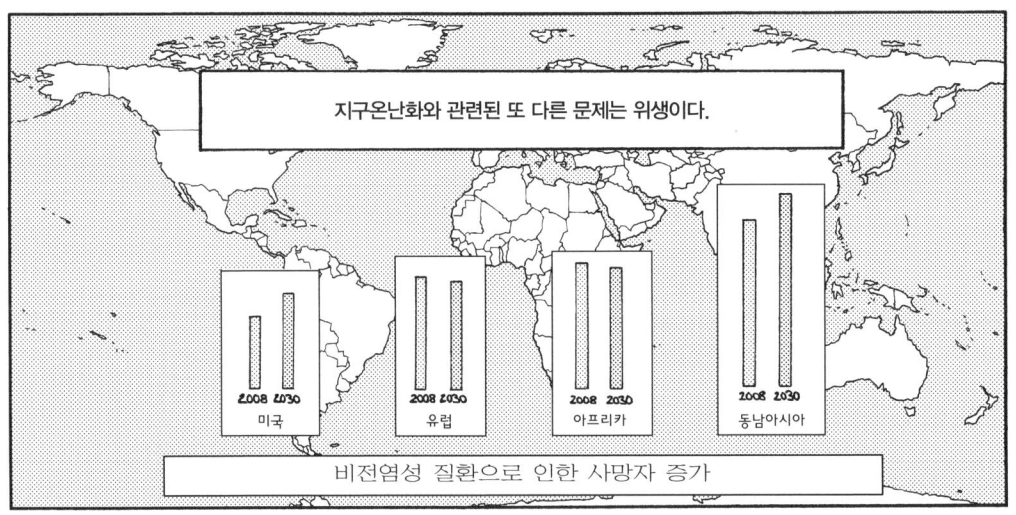

지구온난화와 관련된 또 다른 문제는 위생이다.

비전염성 질환으로 인한 사망자 증가

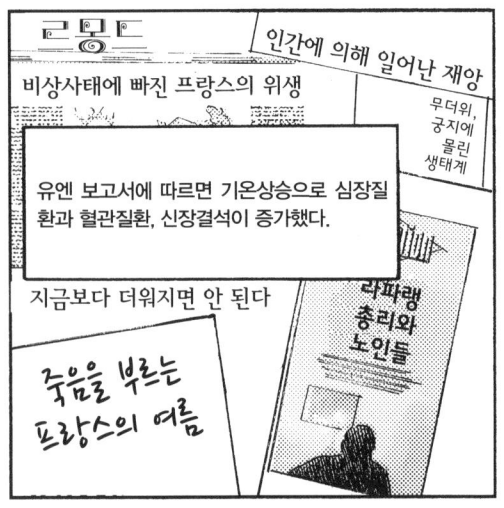

비상사태에 빠진 프랑스의 위생

인간에 의해 일어난 재앙

무더위, 궁지에 몰린 생태계

유엔 보고서에 따르면 기온상승으로 심장질환과 혈관질환, 신장결석이 증가했다.

지금보다 더워지면 안 된다

죽음을 부르는 프랑스의 여름

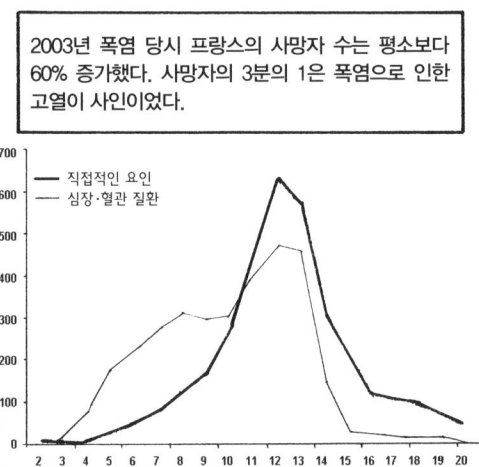

2003년 폭염 당시 프랑스의 사망자 수는 평소보다 60% 증가했다. 사망자의 3분의 1은 폭염으로 인한 고열이 사인이었다.

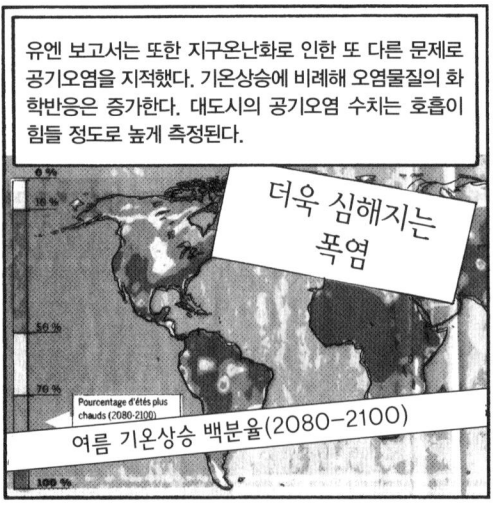

유엔 보고서는 또한 지구온난화로 인한 또 다른 문제로 공기오염을 지적했다. 기온상승에 비례해 오염물질의 화학반응은 증가한다. 대도시의 공기오염 수치는 호흡이 힘들 정도로 높게 측정된다.

더욱 심해지는 폭염

여름 기온상승 백분율(2080-2100)

이런 이유로 프랑스에서만 지금까지 3만 명의 사망자가 발생했다. 하지만 상황은 점점 더 악화할 것이다.

기온이 상승하면 병원균의 이동도 늘어나 전염병이 발생하는 지역이 확대된다.

몇몇 병원균은 아직 면역력이 없는 거주지로 이동하는 일이 벌어질지도 모른다.

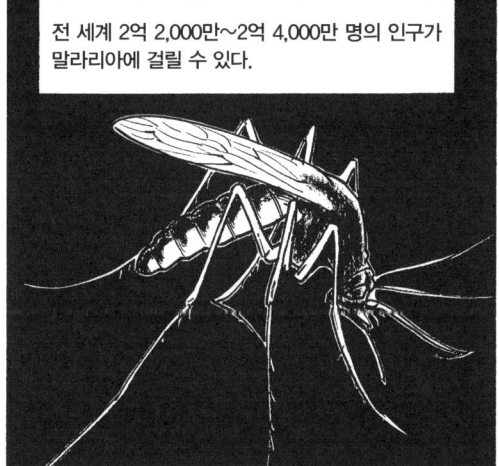

전 세계 2억 2,000만~2억 4,000만 명의 인구가 말라리아에 걸릴 수 있다.

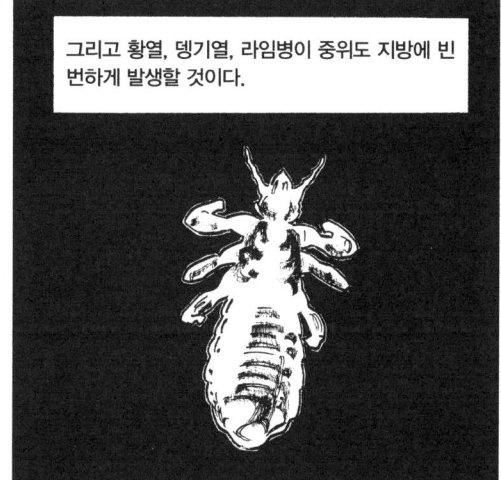

그리고 황열, 뎅기열, 라임병이 중위도 지방에 빈번하게 발생할 것이다.

그런데 이 위생문제는 개발도상국에서 크게 나타날 것으로 보인다. 특히 빈곤층에게 말이다.

여기서 지구온난화는 불평등문제를 야기한다.

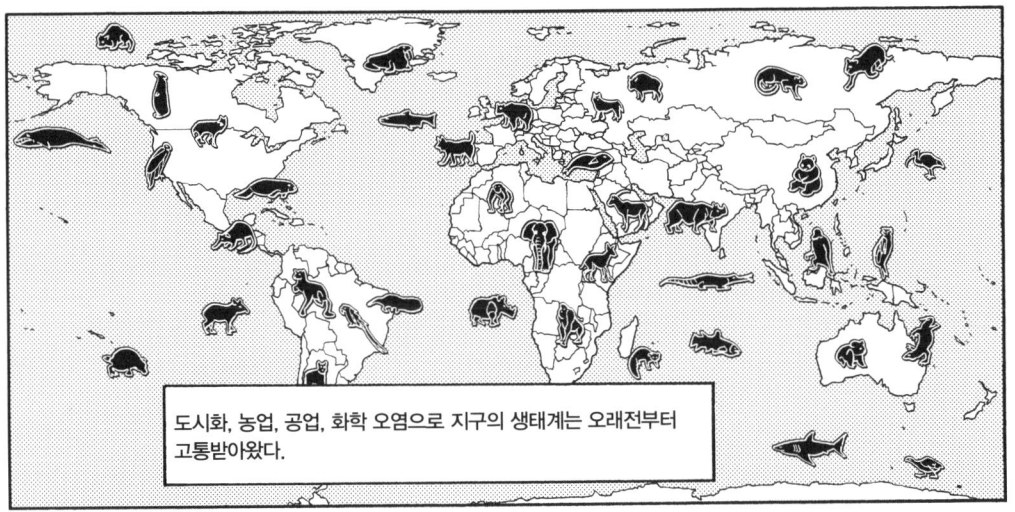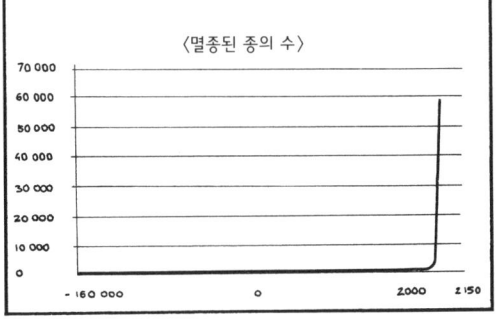

육지와 마찬가지로 바다 생태계도 대혼란으로 충격을 받을 것이다.

수많은 산호가 겨우 생명을 유지할 수 있는 수온 환경 속에 살고 있다.

수온이 2°C만 상승해도 산호의 97%는 죽는다.

산호는 이중적 위기 상황에 빠져 있습니다. 먼저 수온의 문제가 있죠. 산호는 너무 높은 수온에서 살 수 없습니다.

지구온난화에 따른 바다의 산성화도 문제입니다. 산성은 산호에게 중요한 석회질 형성을 방해하죠.

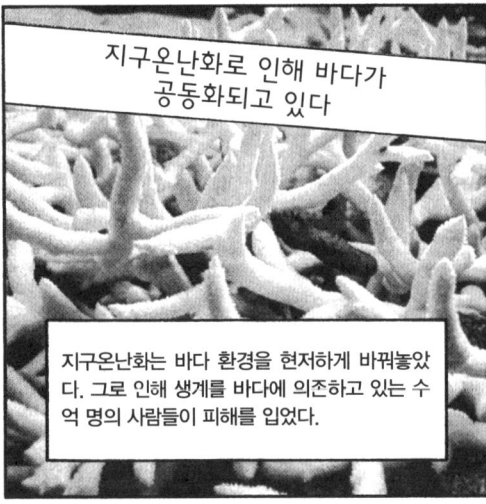

지구온난화로 인해 바다가 공동화되고 있다

지구온난화는 바다 환경을 현저하게 바꿔놓았다. 그로 인해 생계를 바다에 의존하고 있는 수억 명의 사람들이 피해를 입었다.

일단 변화가 생기면 돌이킬 수 없습니다. 100년 전의 바다로 돌아갈 수 없어요.

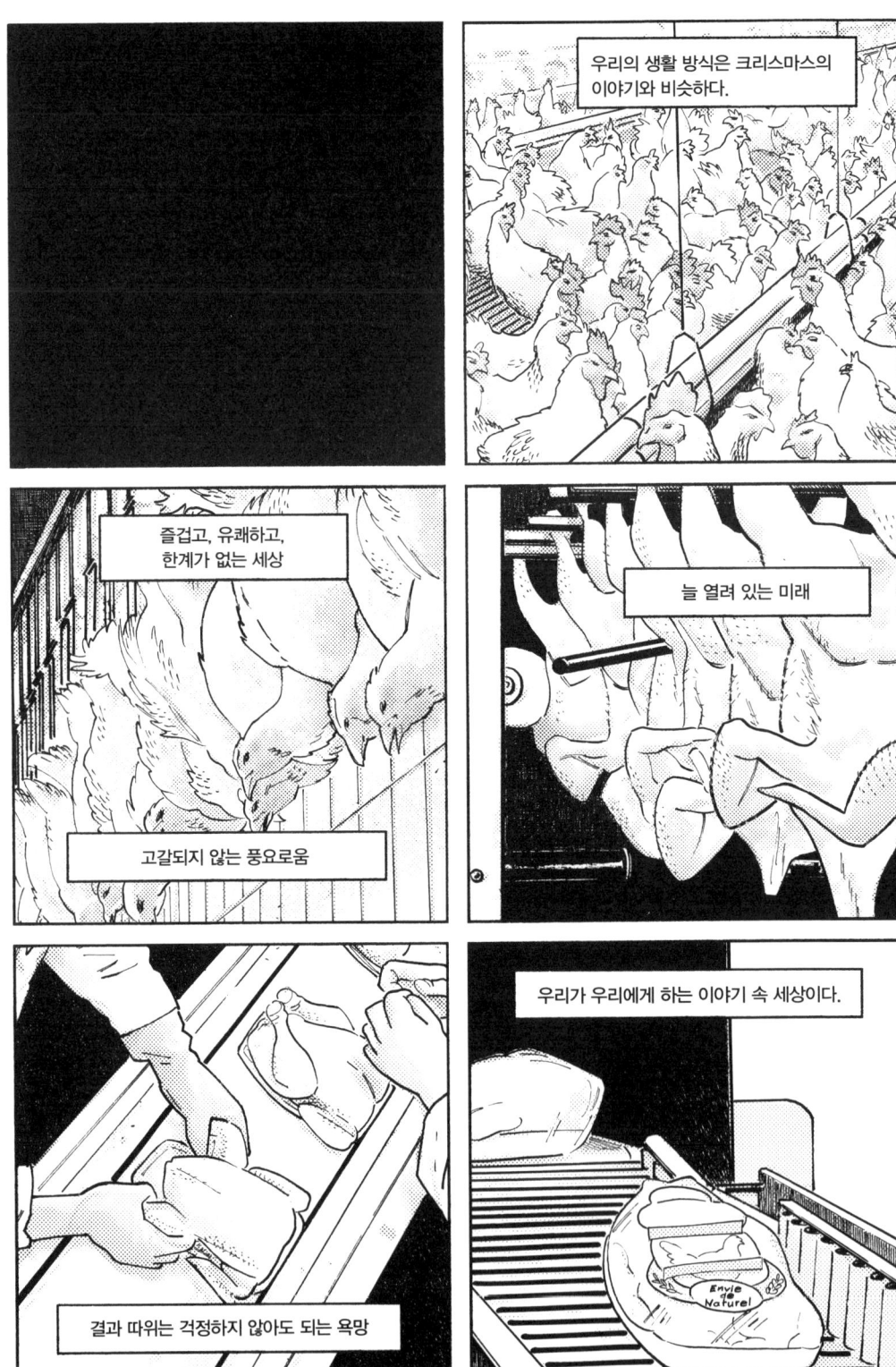

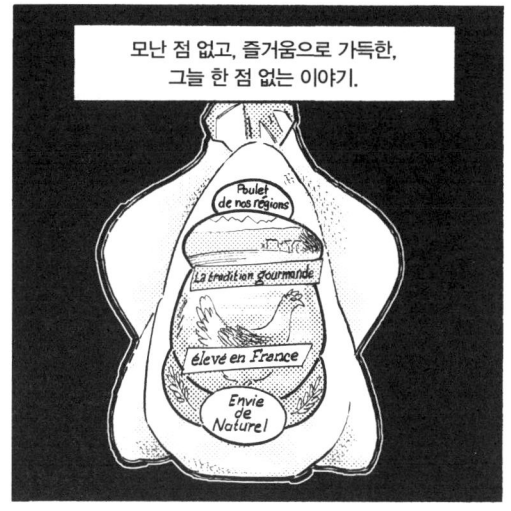

모난 점 없고, 즐거움으로 가득한, 그늘 한 점 없는 이야기.

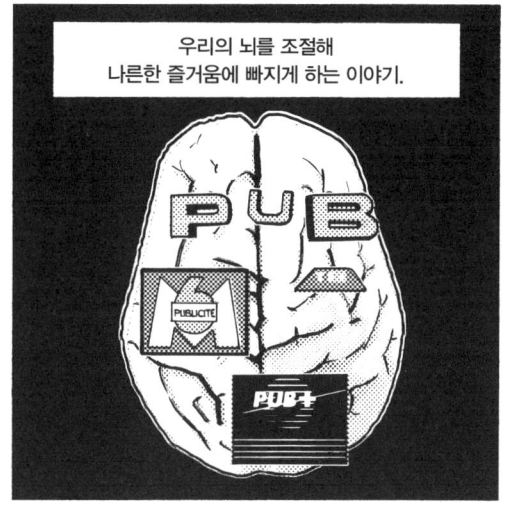

우리의 뇌를 조절해 나른한 즐거움에 빠지게 하는 이야기.

그래서 우리는 우리의 생활습관에 대해 의심하지 못한다.

환경보호와 풍요로운 물질을 누리는 삶이 공존할 수 있다고 믿게 만드는 이야기.

하지만 실제로 그 둘을 나란히 놓고 보면 전혀 닮지 않았다.

그 이야기는 현실과 다르다.
하지만 우리의 욕망과 잘 어울리기에,

우리는 깨어날 수 없다.

크리스마스 이야기의 결말은 해피엔딩이 아닐 수 있다.

1972년. 메도우즈*는 보고서에서 다음과 같이 지적했다. "지구는 그렇게 광대하지 않으며, 자원 또한 인간의 이기적이고 파괴적인 수탈을 오랫동안 견딜 만큼 충분하지 않다."

그러나 미국의 조지 부시 대통령은 1992년 리우데자네이루에서 열린 지구 정상회담에서 이렇게 말했다. "미국식 생활방식**은 협상 대상이 아니다."

* **도넬라 H. 메도우즈** 미국의 환경학자.
** American way of life.

미국은 환경보존에 앞장선 것으로 알려져 있지만

전 세계 온실가스 배출량의 30%를 차지한다.

1872년 최초로 국립공원을 조성했지만

교토의정서의 비준을 거부한 나라이기도 하다.

공동의 이익보다 자국의 이익을 중시하는 미국은 미국식 생활방식을 침해할 수 있는 모든 타협을 거부하고 있다.

우리는 막다른 길에 다다랐다.

우리는 우리가 자초한 위기에서 벗어나기 위해 변화하거나,

눈앞에 위기가 닥칠 때까지 지금의 생활방식을 유지할 것이다.

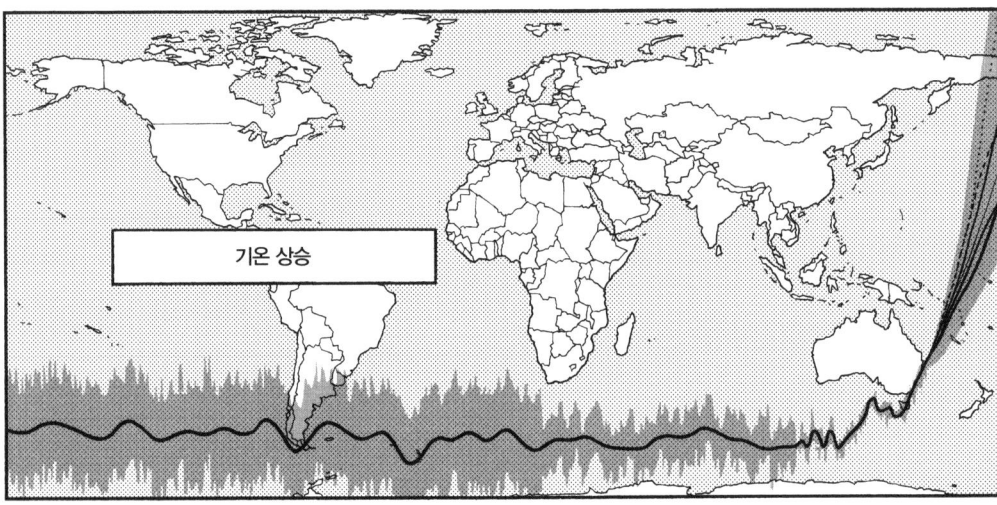
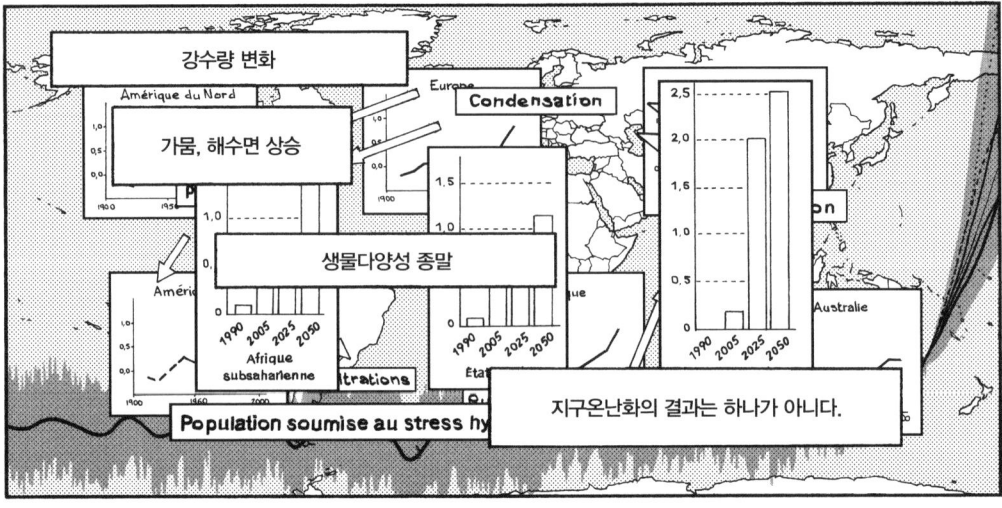

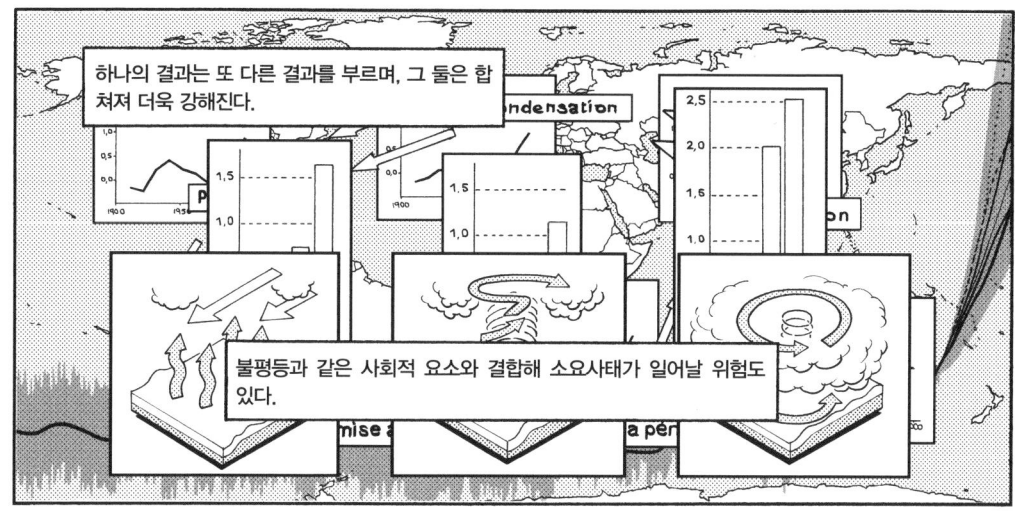

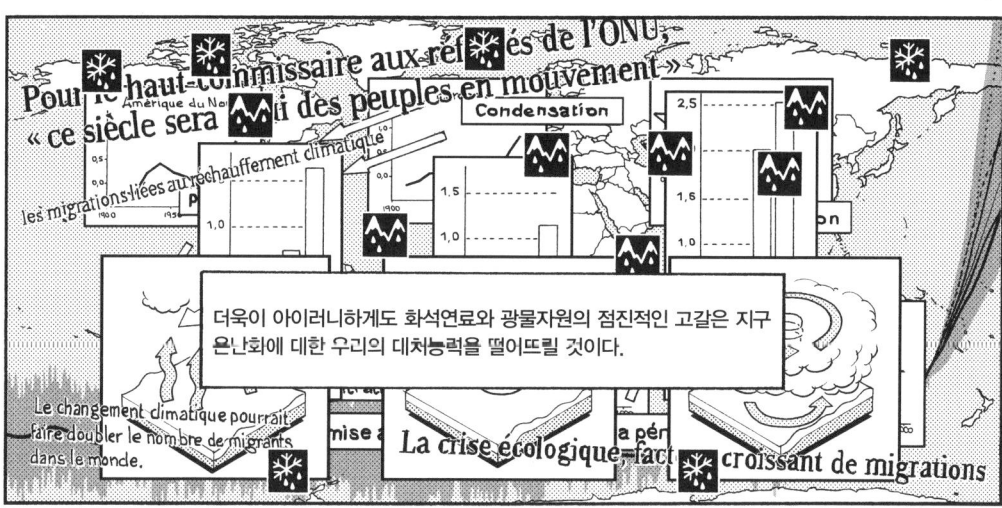

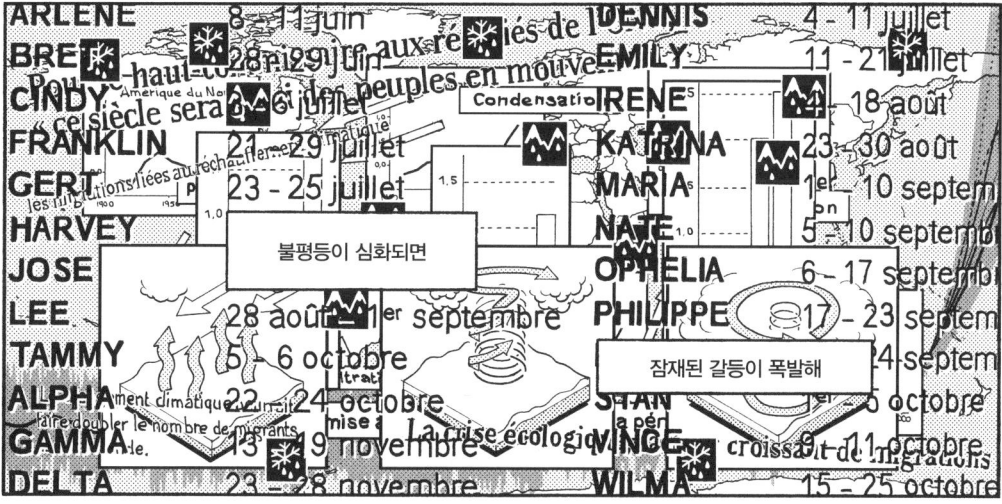

4장 혼돈의 미래: 기후변화가 몰고 올 재앙들

두 계절 사이에서

갇혀버린 채

분열과 이중의 삶을 사는 우리.

서로 모순되는 두 이야기.

하지만 동시에 존재하는 두 이야기.

한쪽에서는 자연을 사랑하고, 진실을 열망하며, 환경보호를 외친다.

우리의 환상은 경제모델과 개인의 가치관, 소비사회의 쾌락주의에서도 찾을 수 있다.

차세대 SUV

욕망에 대한 끊임없는 자극, 고성능, 고생산성, 소비주의

당신의 빛나는 행복을 위해

성장, 이윤, 경쟁 등의 개념은 환경보호를 위해 반드시 필요한 '절제'와 공존할 수 없다.

플러스 라이프

4장 혼돈의 미래 : 기후변화가 몰고 올 재앙들

대단한 놈이

쾌락을 쫓아 진실을 외면하는
이기적인 사람들…….

지구온난화는 우리 외부의 위기인 것만은
아니다.

나타났다!

우리 내면의 위기이기도 하다.

5 풍요의 시대가 끝난다

대안 에너지

만화의 끝은 어떻게 맺을 수 있을까요?

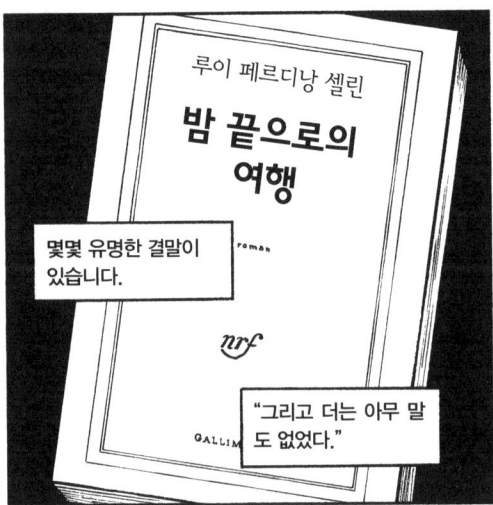

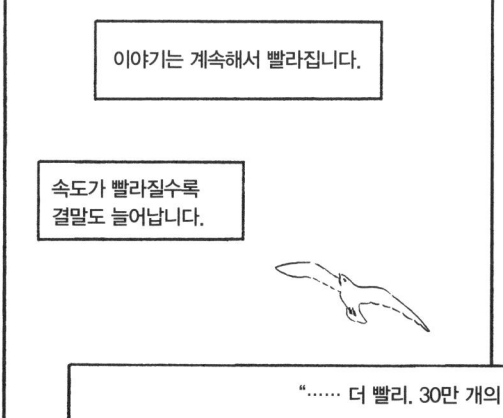
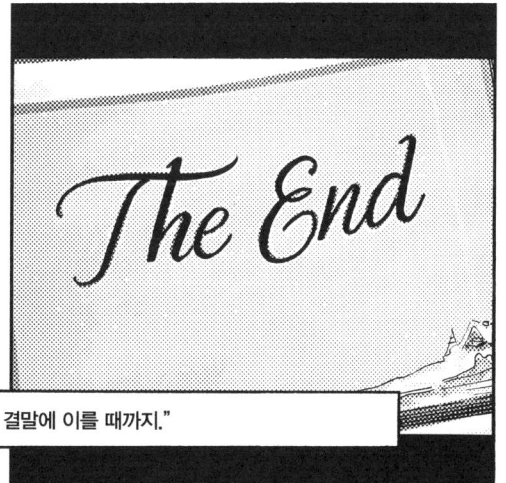

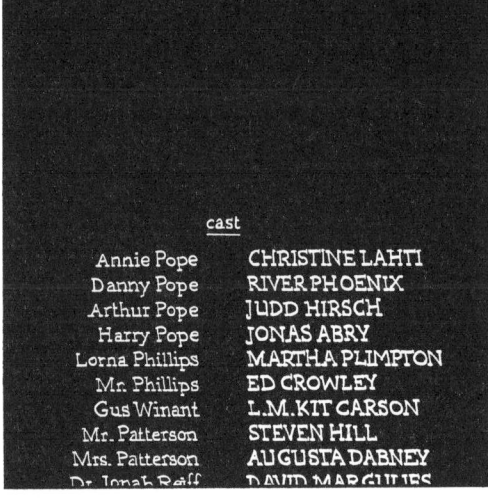

---

* 프랑스의 저명한 시인, 사상가.

'그것'이 우리의 문명을 규정했다.

'그것'은 풍부하고 값싸다.

모든 경제 부문에 활용돼 우리 사회에 깊숙이 스며들었다.

농업의 기계화부터 항공교통에 이르기까지 발전을 이끌었다.
'그것'은 바로 화석연료다.

화석연료는 근대산업과 제3차 산업, 그리고 여가활동을 창조했다. 대도시의 등장 뒤에도 화석연료가 있었다.

화석연료는 가장 작은 소비재부터 시작해 교통과 난방, 먹거리에 이르기까지 우리 삶 전체에 스며들어 있다.

그리하여 오늘날 세계 경제의 80%가

석탄, 석유, 천연가스, 이 세 가지 에너지원에 달려 있다.

그런데 이 자원들은 연소하면서 온실가스를 배출하고,

5장 풍요의 시대가 끝난다 : 대안 에너지　325

지구온난화가 아니더라도 인류는 화석연료 소비를 줄여야 한다.

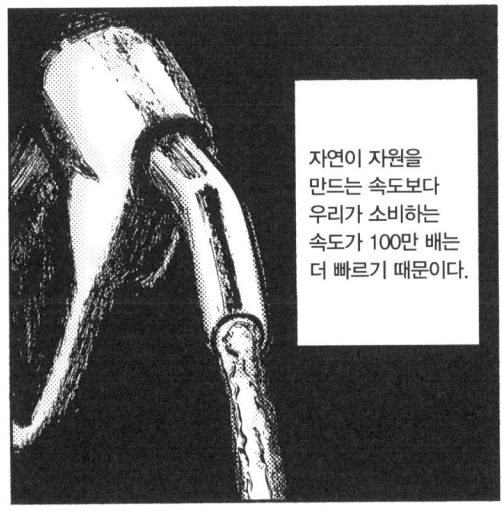
자연이 자원을 만드는 속도보다 우리가 소비하는 속도가 100만 배는 더 빠르기 때문이다.

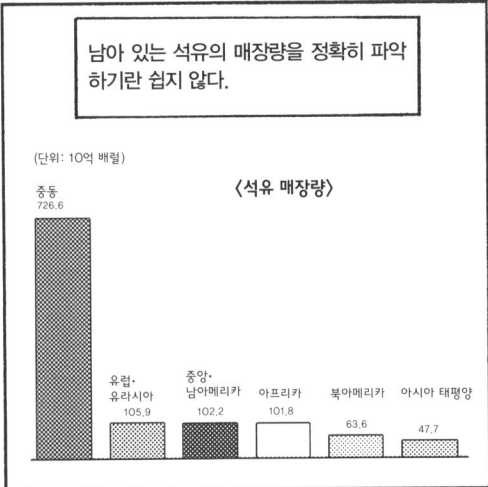
남아 있는 석유의 매장량을 정확히 파악하기란 쉽지 않다.

<석유 매장량> (단위: 10억 배럴)
- 중동 726.6
- 유럽·유라시아 105.9
- 중앙·남아메리카 102.2
- 아프리카 101.8
- 북아메리카 63.6
- 아시아 태평양 47.7

1960년대부터 석유탐사 성공률은 많이 줄어들었다.

지구의 석유 매장량 중 95%가 이미 발견됐다고 주장하는 지질학자도 있다.

오늘날 1배럴*의 석유를 발견하기 위해 우리는 4배럴을 소비하고 있다.

여러 방식으로 측정한 결과, 지금의 소비속도 라면 현재까지 발견한 석유는 50년 내 고갈된다고 한다.

* 부피의 단위. 기호는 bbl. 석유 1배럴은 약 159리터다.

하지만 문제는 석유가 고갈되기 훨씬 이전부터 시작된다.	석유 생산량이 최고치에 이르고 하락세가 시작되면,
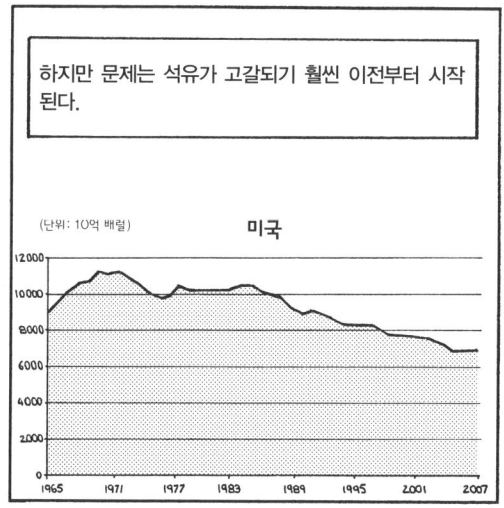	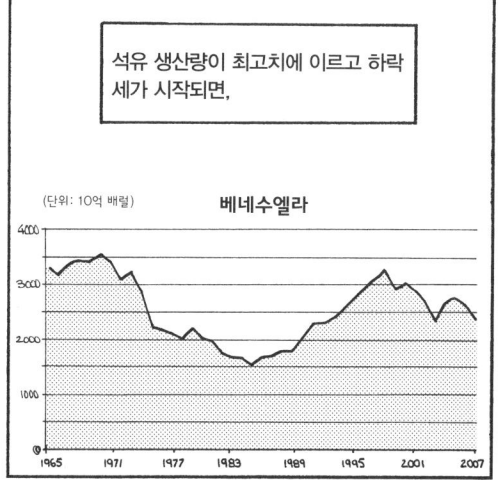
유가가 막무가내로 치솟아 경제는 혼란에 빠진다.	주요 석유생산국 23개국 중에 미국, 베네수엘라, 러시아를 포함한 15개 국가는 이미 피크오일(Peak Oil)*을 지난 것으로 보인다.
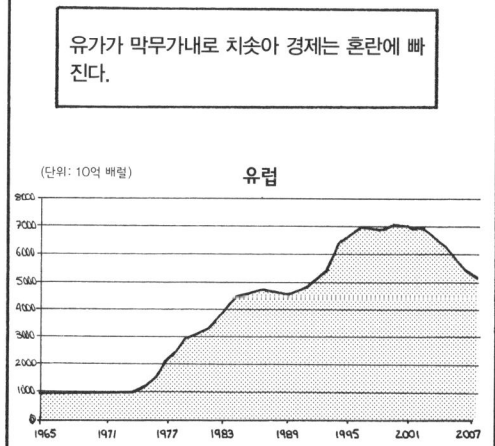	
전 세계 석유 생산량의 40%를 차지하는 석유수출국기구(OPEC)**의 국가들 역시 피크오일에 근접해 있다.	여러 조사에서 2010~2030년 사이에 피크오일이 있을 것으로 예상한다.
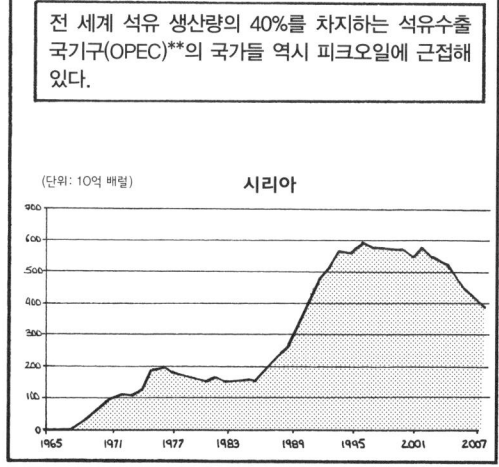	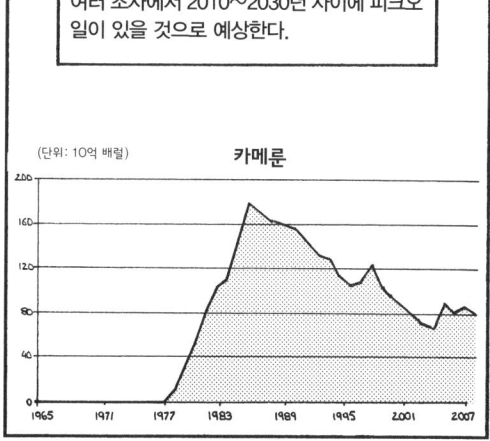

* 석유 생산이 최고치에 이르는 지점. 이후에는 생산이 급격히 하락한다.
** 1960년에 이라크, 이란, 쿠웨이트, 사우디아라비아, 베네수엘라가 창설한 국제기구.

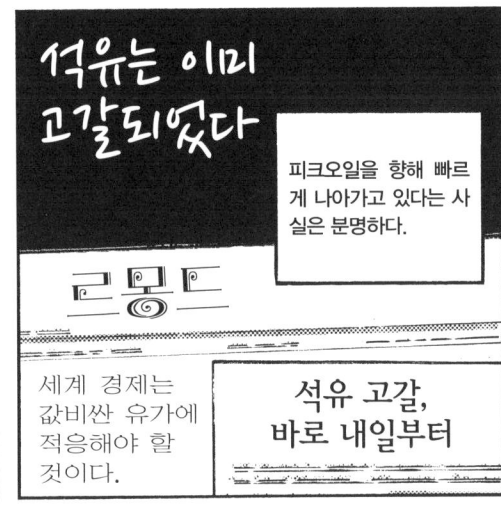
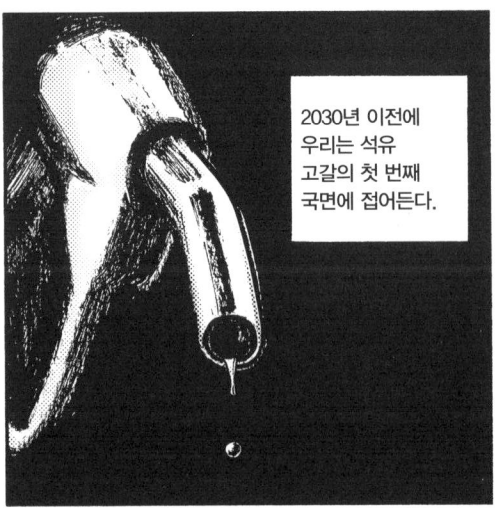

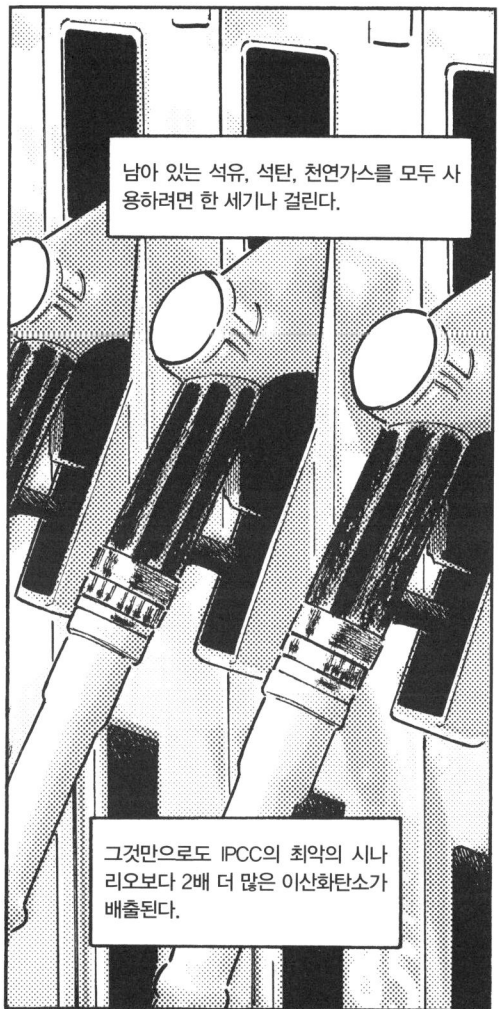

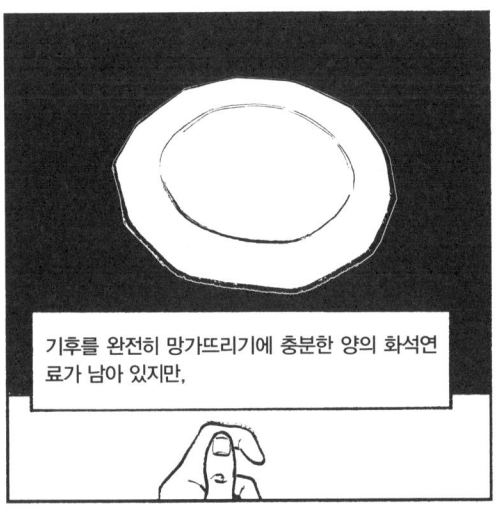

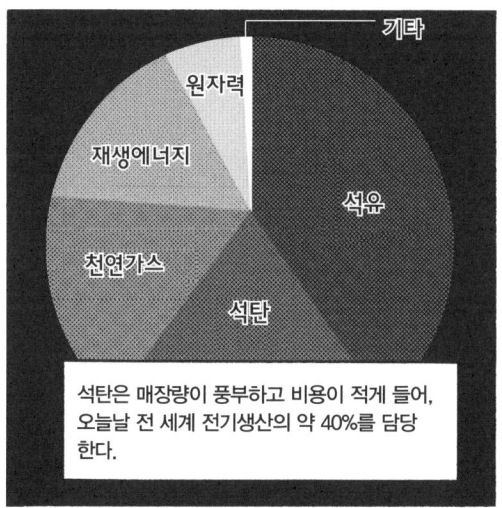

석탄은 매장량이 풍부하고 비용이 적게 들어, 오늘날 전 세계 전기생산의 약 40%를 담당한다.

그리고 환경오염을 가장 많이 일으키는 화석연료다.

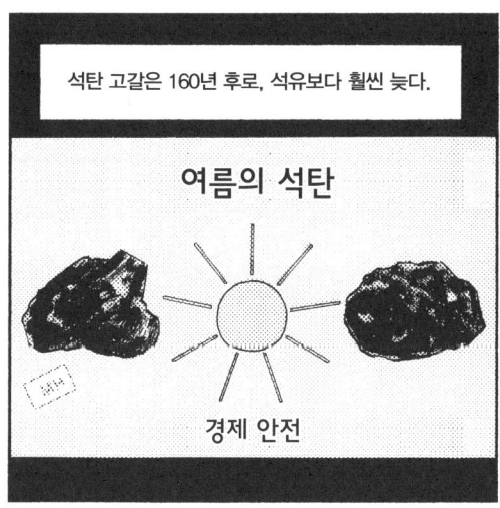

석탄 고갈은 160년 후로, 석유보다 훨씬 늦다.

여름의 석탄

경제 안전

그러다 보니 빠르게 고갈되고 있는 석유를 대체할 연료로 석탄이 주목받고 있다.

전기생산의 80%를 석탄에 의존하고 있는 중국은 일주일에 1개꼴로 석탄발전소를 건설한다.

화석연료 발전소 프로젝트가 증가하고 있다.

우리가 보유한 석탄을 모두 연소한다면 지구 온도는 10℃나 상승할 것이다.

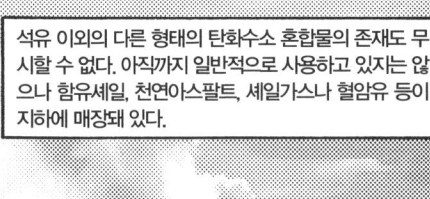

석유 이외의 다른 형태의 탄화수소 혼합물의 존재도 무시할 수 없다. 아직까지 일반적으로 사용하고 있지는 않으나 함유셰일, 천연아스팔트, 셰일가스나 혈암유 등이 지하에 매장돼 있다.

이 자원들의 저장량은 막대하다. 유가 상승에 따라 수익성도 높아질 전망이다.

그러나 시추작업으로 환경이 파괴되고, 엄청난 에너지를 소모하는 추출과정에서 대량의 온실가스가 배출될 것이다.

석유기업들은 새로운 유전 탐사를 포기하지 않고 있습니다.

따라서 새로운 유전이 개발될 수도 있어요. 지구온난화에 심각한 위험이지요.

어느 석유기업에서는 새로운 유전에 접근할 수 있기 때문에 좋다고 하더군요.

극지방의 빙하가 녹으면서 석유를 채취할 수도 있겠죠. 그러면 누군가가 또 빙산을 녹이려 할 겁니다.

언제까지 그럴까요?

에너지의 생산과 유통은 대기업 영역으로 제한돼 있고, 금융과 주주의 이익에 의해 운용되고 있다. 즉, 우리는 환경적 문제와 더불어 경제적 문제까지 감당해야 하는 상황이다.

결국 화석연료 고갈과 기후변화 문제는 연결돼 있어요. 해결책이 같기 때문이죠.

단, 기후문제에 대해 더 빨리 대책을 마련해야 합니다. 20년 후에 벌어질 일들을 생각한다면 말이에요.

두 위기는 서로 상쇄되지 않습니다. 하나가 다른 하나의 해결책이 될 수 없어요.

에너지 소비를 줄이는 것만이 모두를 위한 유일한 답입니다.

우리가 좋든, 싫든, 21세기에 석유는 고갈된다.

우리가 원하든, 원하지 않든, 풍요로운 에너지 시대는 막을 내렸다.

그렇다면 남은 질문은 하나다.

대혼란이 일어날 때까지 앉아서 기다리고 있을 것인가?

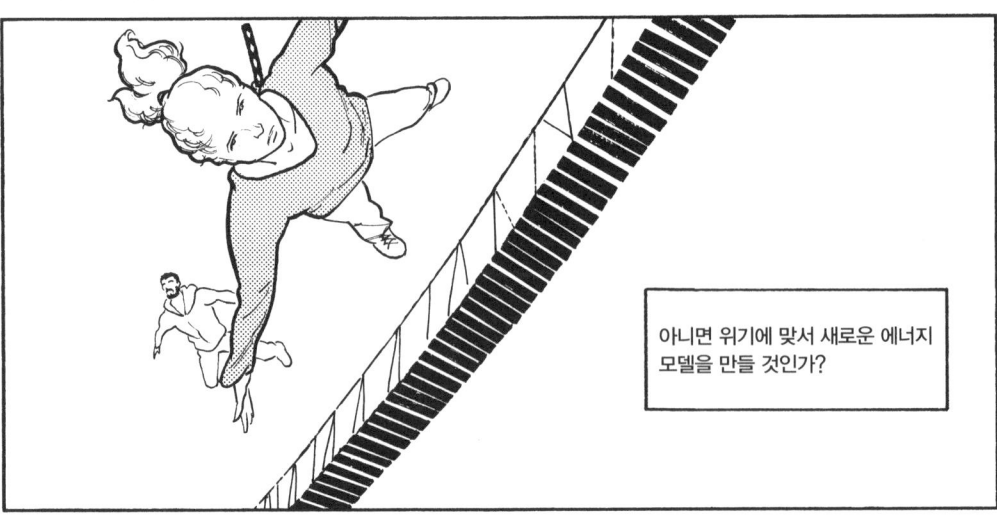

아니면 위기에 맞서 새로운 에너지 모델을 만들 것인가?

그 사람도 노련한 스카이다이버였어. 수백 번을 뛰어내렸지. 그날은 교관이랑 교습생이랑 함께 뛰어내리기로 했나 봐. 그는 스카이다이빙 수업을 카메라에 담으려고 했을 거야.

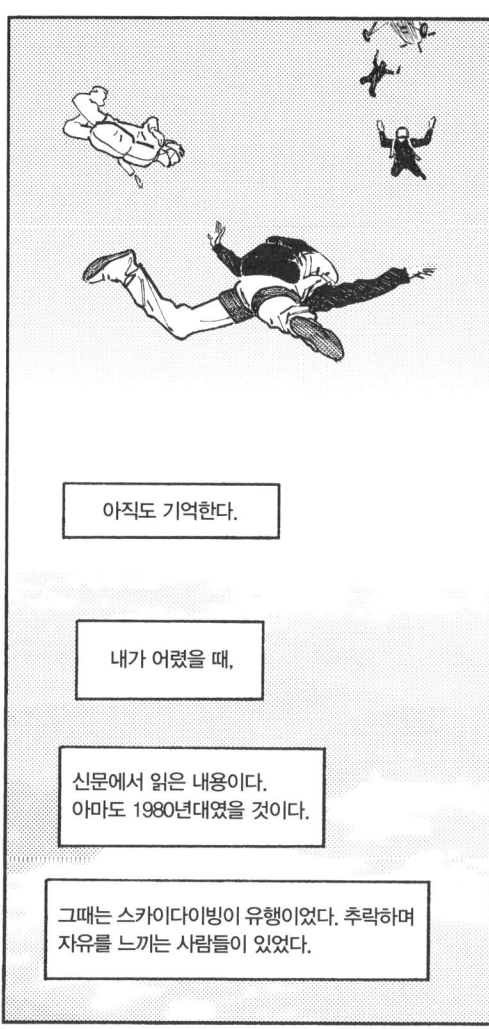

아직도 기억한다.

내가 어렸을 때,

신문에서 읽은 내용이다.
아마도 1980년대였을 것이다.

그때는 스카이다이빙이 유행이었다. 추락하며 자유를 느끼는 사람들이 있었다.

어쨌든 모두 비행기에 올라탔고, 뛰어내렸지. 그는 그들을 찍었고.

그리고 다른 둘은 낙하산을 폈어.

그때서야 그는 알아차렸어.

낙하산을 비행기에 두고 뛰어내린 걸.

촬영에 너무 몰두한 게 아니었을까? 스카이다이빙에 너무 익숙해져 방심했을 수도 있지.

등에 멘 촬영 장비를 낙하산으로 착각했을 수도 있고.

태양은 우리가 매년 소비하는 에너지의 약 6,000배에 달하는 양을 지구로 발산한다.

이러한 태양의 활동으로 지구에는 태양열, 바람, 식물 같은 재생에너지가 존재한다.

이 에너지원은 고갈되는 일 없이 수천 년간 존재하며, 온실가스도 배출하지 않는다.

그리고 전 세계 어디에나 존재한다.

그렇다면 재생에너지를 화석연료 대신 사용할 수 없을까?

수력은 몇 세기 전부터 에너지원으로 활용됐다.

오늘날 수력은 전기를 생산하는 데 가장 중요한 재생에너지다.

전 세계 전기생산량의 17%를 수력발전이 차지하고 있다.*

수력발전은 온실가스를 거의 배출하지 않고, 상대적으로 저렴하며, 높은 전력을 공급한다.

하지만 단점도 있다.

거대한 댐은 자연경관을 훼손하고, 비옥한 토지를 수몰한다. 또한 지역주민의 이주를 강요한다.

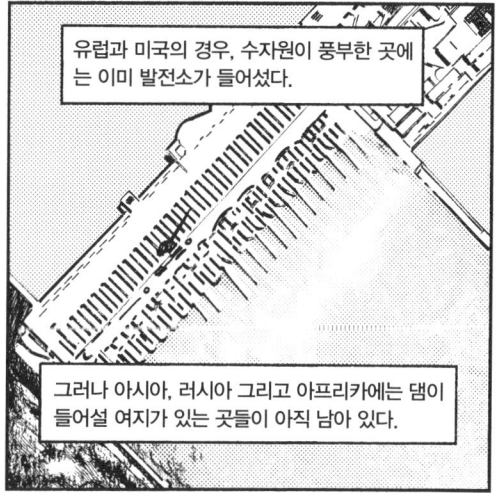

유럽과 미국의 경우, 수자원이 풍부한 곳에는 이미 발전소가 들어섰다.

그러나 아시아, 러시아 그리고 아프리카에는 댐이 들어설 여지가 있는 곳들이 아직 남아 있다.

거대한 댐의 환경적·사회적 문제는 여전히 논란의 대상이다.

* 우리나라의 경우 수력발전은 전체 전력생산의 1.7%에 불과하다. (2013년 기준)

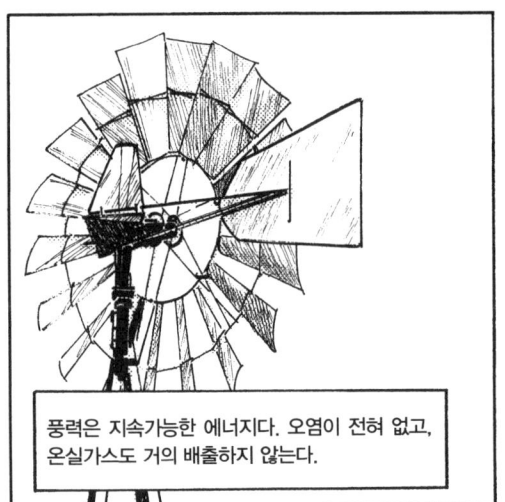

풍력은 지속가능한 에너지다. 오염이 전혀 없고, 온실가스도 거의 배출하지 않는다.

풍력발전기의 현대화로 인해 전보다 비교적 많은 전기를 생산할 수 있다.

자연경관을 훼손한다는 문제가 있지만, 땅에 세우기 때문에 수력발전과 비교하면 훨씬 미약하다.

더욱이 농경지에 건설하면 문제될 소지도 없다.

풍력발전의 가장 큰 단점은 가변성이다.

같은 장소라 하더라도 풍량에 따라 전기생산량이 일정하지 않다. 또한 전기는 적은 양만 저장이 가능하며 그 비용도 매우 비싸다.

그러나 가변성 문제는 예측이 가능하고, 생산량이 적을 경우 수력 등 다른 에너지원으로 보충할 수 있다.

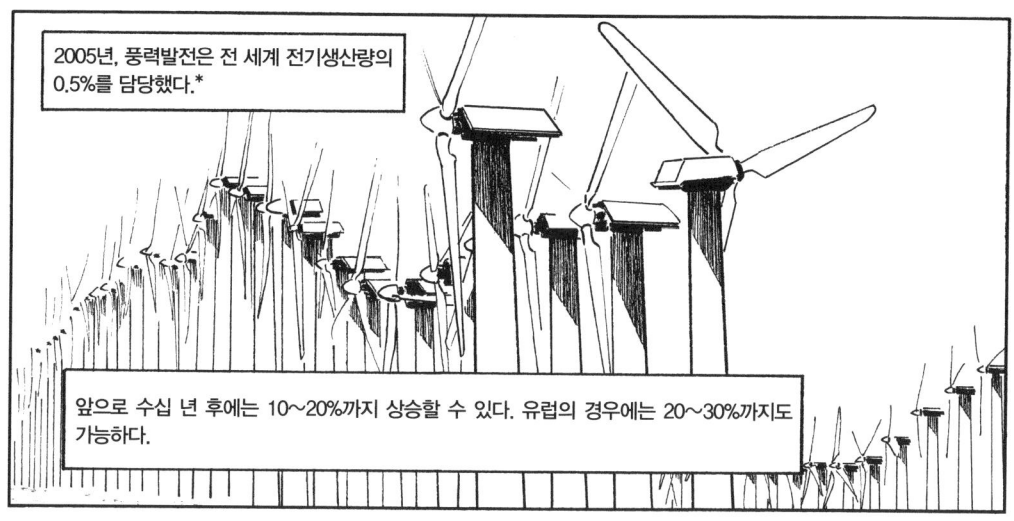

2005년, 풍력발전은 전 세계 전기생산량의 0.5%를 담당했다.*

앞으로 수십 년 후에는 10~20%까지 상승할 수 있다. 유럽의 경우에는 20~30%까지도 가능하다.

하지만 풍력발전 증가량만큼 화석에너지 소비량이 늘어나면 온실가스 배출은 감축되지 않는다.

따라서 풍력은 부분적인 해결책일 뿐이다.

우리가 화석연료 소비를 줄이기 위해 노력하지 않는다면, 재생에너지 생산에 힘을 기울여도 아무런 성과가 없을 것이다.

덴마크의 경우가 그렇다. 덴마크는 전 세계에서 가장 많은 풍력발전기를 보유하고 있으며, 전기생산량의 31%를 풍력에 의존하고 있다. 하지만 동시에 1인당 온실가스 배출량이 유럽에서 가장 높다.

풍력은 가장 진보한 친환경 에너지입니다

당신을 위해 우리는 무한한 에너지를 생각합니다 TOTAL

* 2013년 기준으로 3%다. 우리나라의 경우 1%에도 미치지 못한다.

태양열은 태양전지판을 통해 에너지로 전환할 수 있다.

이를 통해 물을 데워 난방에 사용한다. 또한 태양전지를 통해 전기를 생산한다.

태양열발전의 단점은 에너지원 고유의 성격에서 비롯된다. 태양열은 여름에 가장 강하지만, 정작 에너지 소비가 가장 많은 계절은 겨울이다.

따라서 태양열발전의 열쇠는 전기를 저장하는 기술 개발에 달려 있다.

또한 태양열은 풍력과 마찬가지로 가변적이다. 밤낮의 영향을 받을 수밖에 없고,

기후변화로 인해 대기의 구름층이 두꺼워지면 효율성이 더욱 낮아진다.

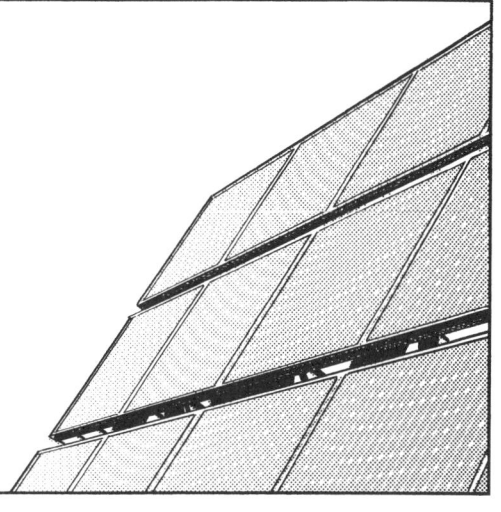

현재로서는 태양열발전으로 많은 에너지를 생산하지 못한다. 대형건물은 에너지 자급자족이 어렵다.

하지만 일반 주택은 다르다. 태양열을 이용해 난방의 3분의 1, 온수의 3분의 2를 충당할 수 있다.*

또 다른 재생에너지를 병행하면 주택은 물론 서비스업을 제공하는 건물에서도 필요량을 충당할 수 있다.

태양열 온수기가 딸려 있습니다!

풍력발전과 마찬가지로 화석연료 소비가 증가한다면 태양열발전의 의미는 사라진다.

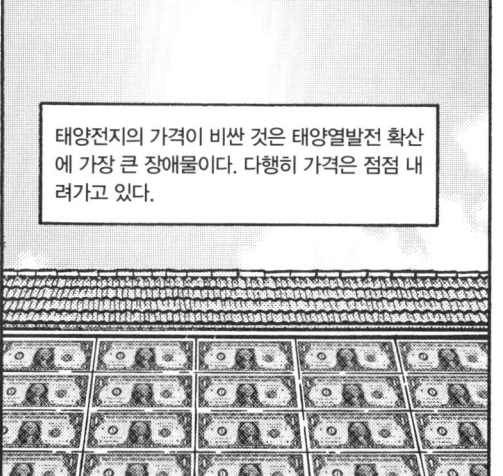

태양전지의 가격이 비싼 것은 태양열발전 확산에 가장 큰 장애물이다. 다행히 가격은 점점 내려가고 있다.

* 에너지관리공단 통계에 따르면, 우리나라에서 태양열발전을 통한 에너지 생산량은 2012년 기준, 석유환산톤(TOE)으로 2만 6,259이다.

5장 풍요의 시대가 끝난다 : 대안 에너지   345

밀, 유채, 옥수수, 해바라기 같은 식물을 가공하면 바이오연료를 얻을 수 있다.

바이오연료는 화석연료보다 이산화탄소 배출량이 더 적다.

하지만 비료생산, 식물경작, 증류 및 정제에 이르기까지 제조과정에서 소비하는 에너지가 많기 때문에 효율성이 크게 떨어진다.

미래의 에너지 개발을 위해 우리는 또다시 자연의 도움을 받습니다

또한 일부 연구에서는 바이오연료 생산 과정에서 배출되는 아산화질소가 화석연료에서 발생하는 가스보다 지구온난화를 더 악화시킨다고 밝혔다.

제조과정에서는 주로 석유가 사용된다. 1리터의 바이오연료를 생산하기 위해서는 0.9톤의 석유가 필요하다.

당신을 위해 우리는 무한한 에너지를 생각합니다   TOTAL

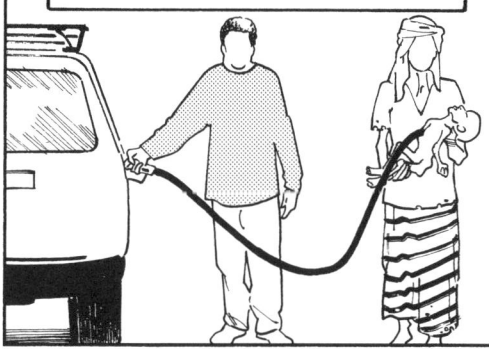

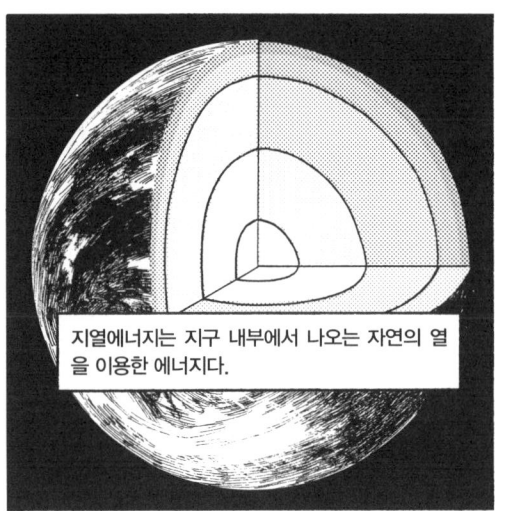

지열에너지는 지구 내부에서 나오는 자연의 열을 이용한 에너지다.

열이나 전기생산에 사용할 수 있다.

단점은 전기를 생산하려면 높은 열원이 필요하고 효율성도 매우 적다는 것이다.

그럼에도 미래에는 중요한 에너지원이 될 가능성이 있다.

지열에너지는 지속가능한 에너지원이며, 온실가스를 거의 배출하지 않는다. 또한 풍력이나 태양열과는 다르게 지속적으로 전기를 공급할 수 있다.

* 환경보호와 자본주의(성장)가 양립할 수 있다는 논리.

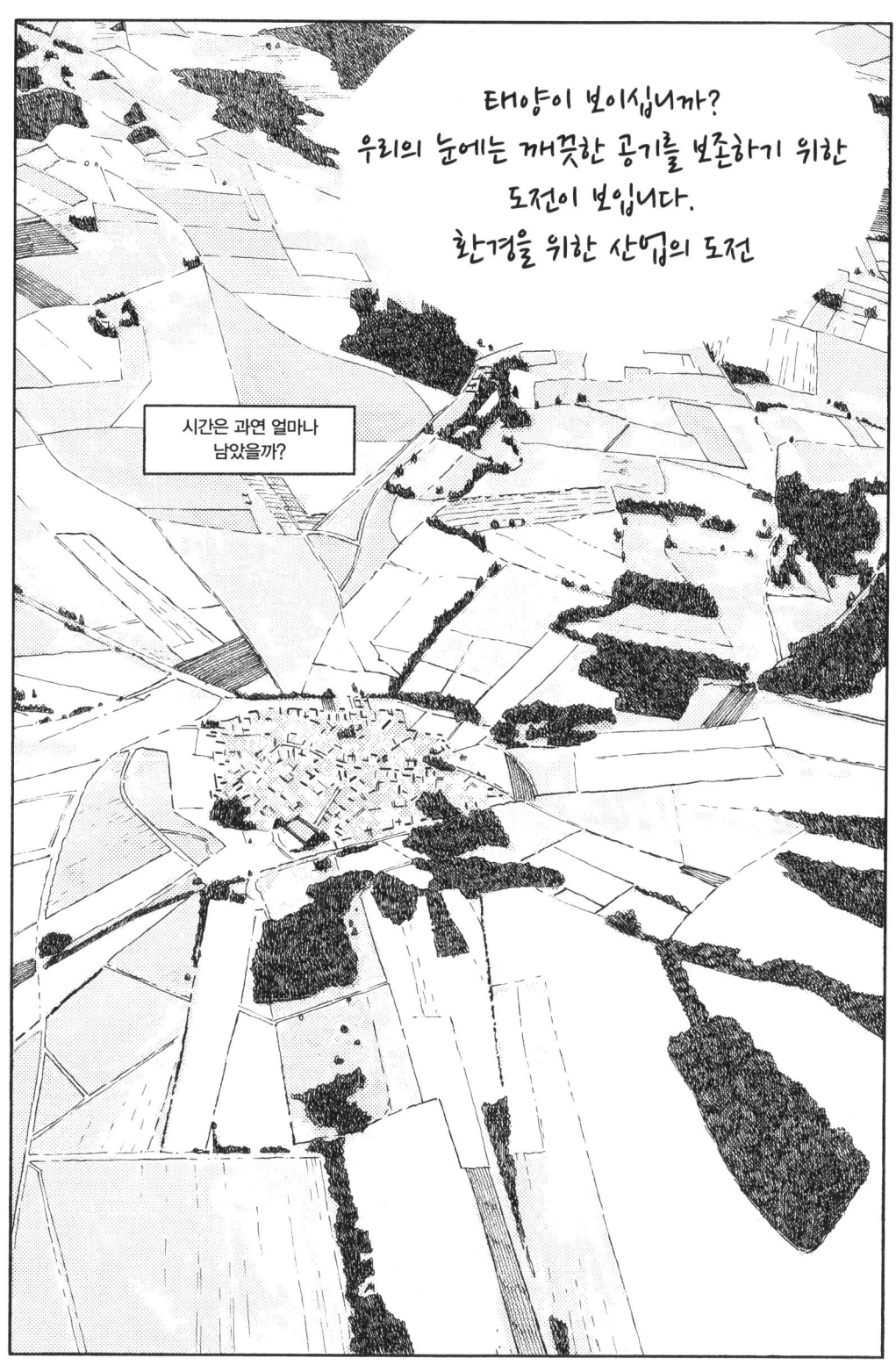

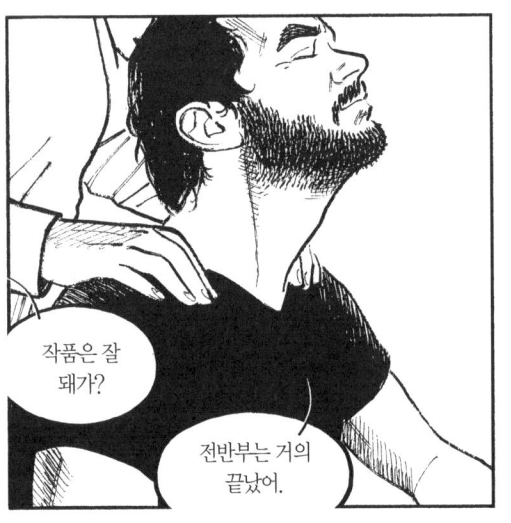

물론 발전은 필요하다. 하지만 새로운 과학기술이 언제나 완벽한 답을 주는 것은 아니며, 때로는 해결시기를 놓치기도 한다.

날씨를 조정할 수 있나?

오늘날 정치인들은 과학기술의 발전을 신봉하고 있다. 그들은 과학기술이 환경문제를 해결할 것이며, 그렇기 때문에 우리의 생활방식을 바꿀 필요가 없다고 믿고 있다.

복잡한 문제에 부딪히면 우리는 항상 단순명료한 해결책에 기대려고만 하죠.

에너지문제에서도 그래요. 분명 과학기술은 여러 해결방안을 제시했습니다. 하지만 잘못된 것도 많았죠.

그것도 유행 같은 게 있어요. 얼마 전에는 수소였지요.

수소자동차, 가정용 수소연료전지 등이 나왔습니다.

아주 떠들썩했죠.

그러다 수소 제조과정에서 막대한 에너지를 소비한다는 결론이 나왔습니다.

게다가 수소는 에너지원으로 사용하기에 너무 비싸죠.

결국 어느새 사그라졌어요.

몇 년 전부터는 '이산화탄소 포집, 저장'이라는 새로운 유행이 불고 있다.

이 기술은 화석연료의 연소과정에서 배출되는 이산화탄소를 추출해서, 고농도로 압축해 비어 있는 유전 속에 주입하는 방법이다.

하지만 이 기술은 고비용에, 에너지를 어마어마하게 소비하며, 이산화탄소까지 배출한다.

날씨를 조정할 수 있나?

그리고 이산화탄소를 매장했을 때 생기는 문제는 아직까지 완벽하게 확인되지 않았다.

또한 아무리 긍정적으로 평가한다 해도 2030년까지 실용화할 수 있을지 미지수다.

기온상승을 2℃ 아래로 유지하기 위해서는 너무 늦다.

에르베 캉프
지구를 구하려면 자본주의에서 벗어나라

이 기술의 선구자격인 노르웨이의 슬라이프너 유전에서는 연간 100만 톤의 이산화탄소를 저장한다. 그런데 시설 자체에서 90만 톤을 배출한다.

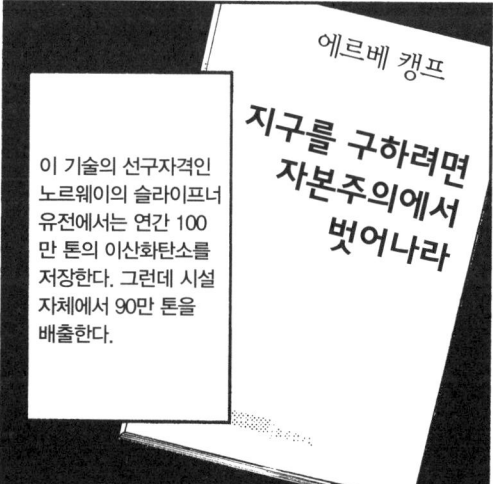

5장 풍요의 시대가 끝난다 : 대안 에너지 359

* 국제원자력기구에 따르면, 2013년 6월 전 세계 가동원전은 434기, 중단원전은 144기이며, 건설 중은 69기, 계획 중은 140기이다. 우리나라는 23기를 가동 중이며, 5기를 건설 중이다.

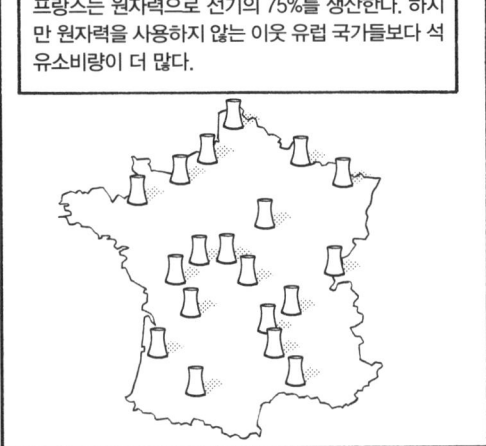

* 2013년 한국의 석유 소비량은 세계 8위, 원유 수입액은 5위였다.

* 2012년 한국의 1차 에너지 공급량을 보면 석유 38%, 석탄 29%, 원자력 11%, 수력 1%이다.

전체 온실가스의 4분의 3 이상을 배출하는 산업, 운송업, 농업은 원자력으로 가동될 수 없다.

프랑스의 경우, 전기생산 부분에서 원자력 발전소와 가스 발전소를 비교하면 원자력을 이용할 때 약 15%의 온실가스가 줄어듭니다. 원자력 국가에게 이 점은 무엇보다 중요하죠.

국제에너지기구(IEA)에 따르면, 2050년까지 지금보다 3배의 원자력 발전소를 건설할 수 있다고 한다.

이를 위해서는 전 세계 방방곡곡에 매년 32개의 원자로를 건설해야 한다.*

오늘날 전 세계에서 437개의 원자로가 운행되고 있다. 이것으로 약 3%의 온실가스가 감축된다.

하지만 그렇게 한다 해도 온실가스는 겨우 6% 정도만 감축된다.

* 2014년 현재 약 70개의 원자로가 추가로 건설 중이라고 한다.

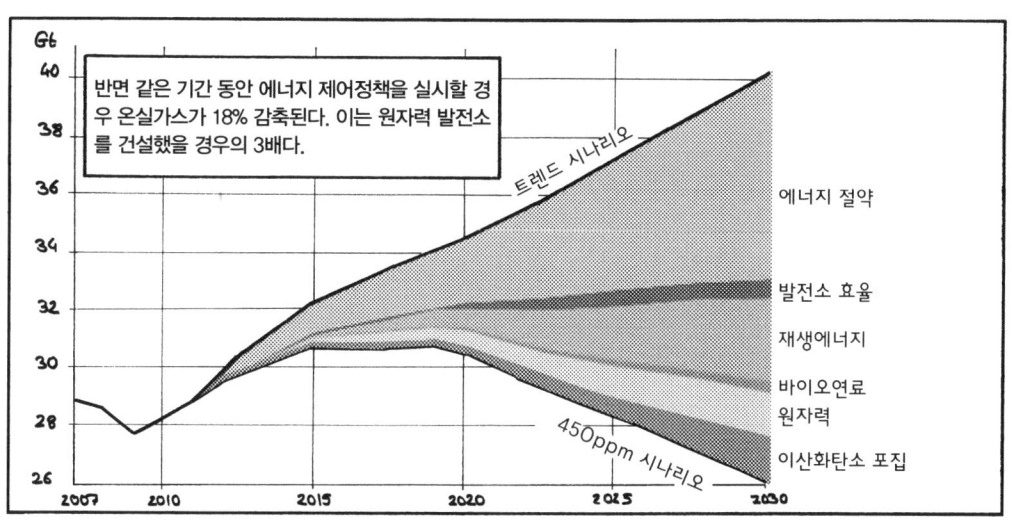

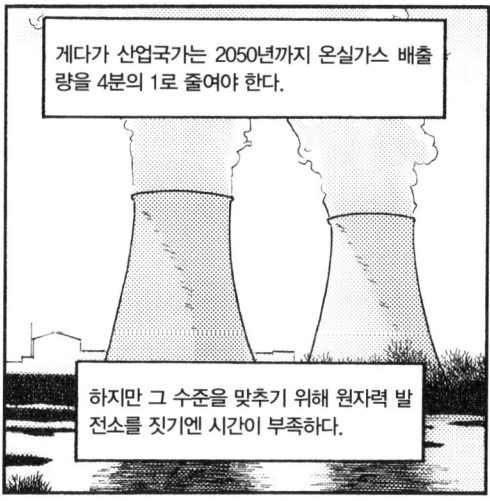

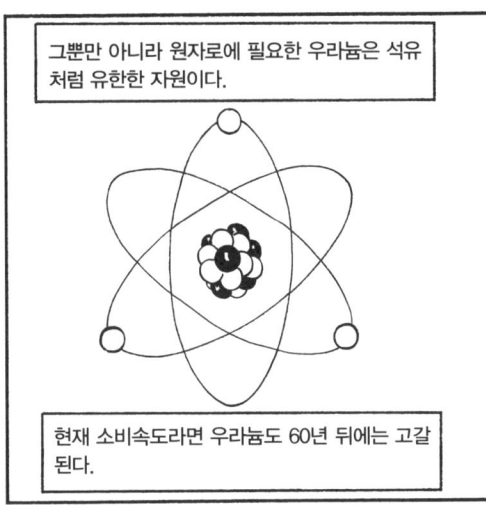

* ITER(International Thermonuclear Experimental Reactor) 국제핵융합실험로 공동개발사업. 2019년까지 완공을 목표로 한국, 유럽연합, 미국, 러시아, 중국, 인도가 참여하고 있다.

* 1979년 미국에서 발생. 1986년 체르노빌, 2011년 후쿠시마와 더불어 세계 3대 원자력 사고로 꼽힌다.

1999년 프랑스 브라이에에 폭풍우가 몰아쳤습니다. 그때 예상하지 못했던 두 사건이 동시에 일어났습니다.

원자력 발전소는 강이나 바다 인근에 건설되기 때문에 홍수, 가뭄, 폭풍우와 같은 현상에 특히 취약하다.

게다가 이탈리아나 일본처럼 지진이 빈번하게 일어나는 지역은 사고위험률이 더욱 높다.

폭풍우 때문에 조직망이 제 기능을 하지 못한 데다, 물의 수위가 높아져 기기들이 물에 잠긴 것입니다. 하지만 다행스럽게도 하나가 작동했습니다.

만약 수위가 조금만 더 높았더라면 제2의 체르노빌 사태가 벌어졌을 겁니다.

원전사고는 가능성이 낮다고 하지만, 현실적으로 봤을 때 심각한 문제입니다.

원자로 그 자체가 본질적으로 위험하기 때문이죠.

그리고 사고가 일어난다면 인간이 감당할 수 있는 수준이 못 됩니다.

* 124만 킬로와트급 대형 고속원자로.

원자력은 기술적인 문제 말고도 정치 및 국제안보 측면에서 반드시 생각해 봐야 할 중요한 문제들이 있다.

우라늄 농축기술의 발전으로 핵무기 제조의 어려움이 크게 줄어들었다.

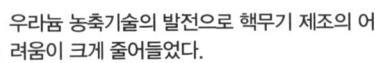

그렇기 때문에 원자력산업의 발전은 핵 확산이라는 심각한 위험을 동반한다.

파키스탄, 북한, 이란 등 인접국과 분쟁상태에 있는 독재국가들이 핵무기를 개발할까 봐 걱정하면서도,

프랑스 정부가 리비아에 원자력 발전소를 수출하기로 했을 때는 국민들이 기뻐하기까지 했다.

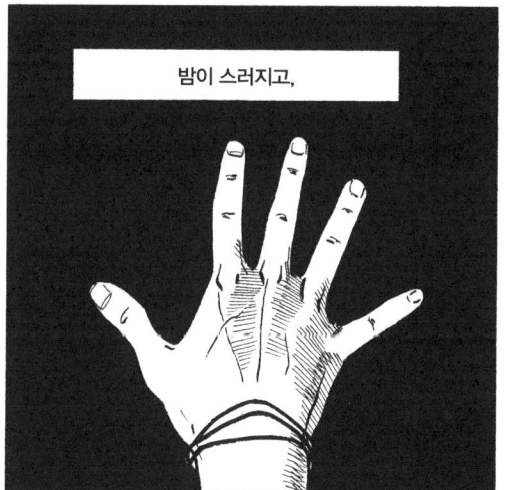
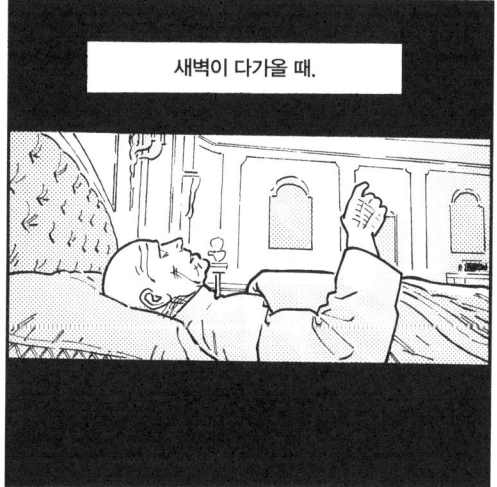
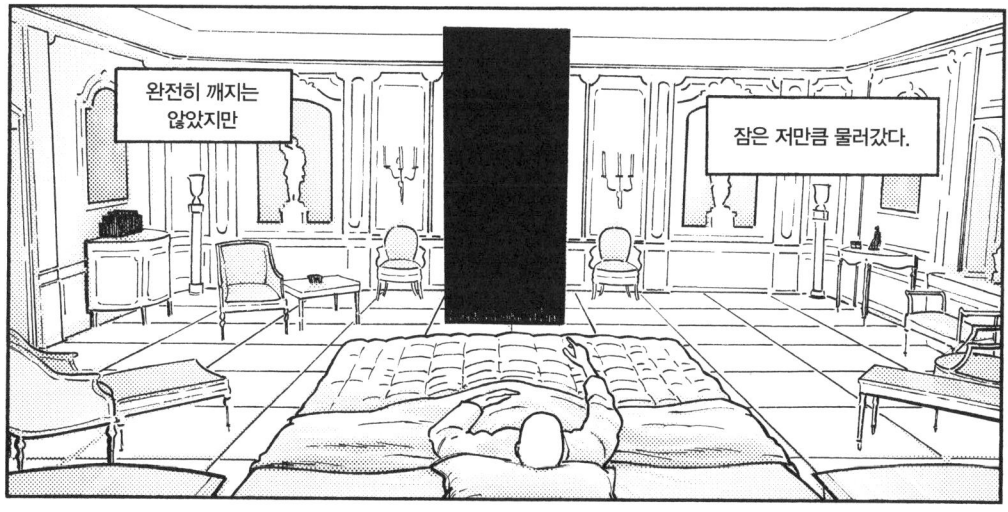

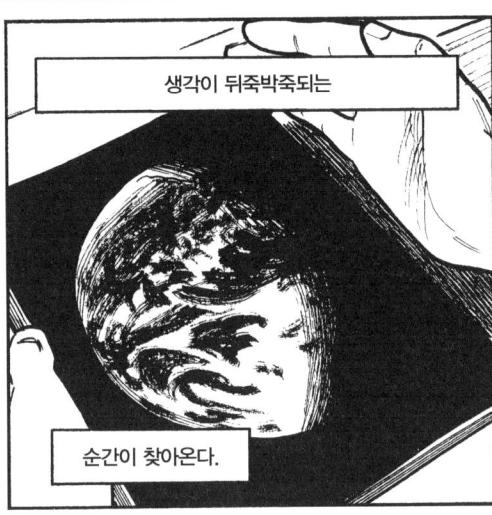

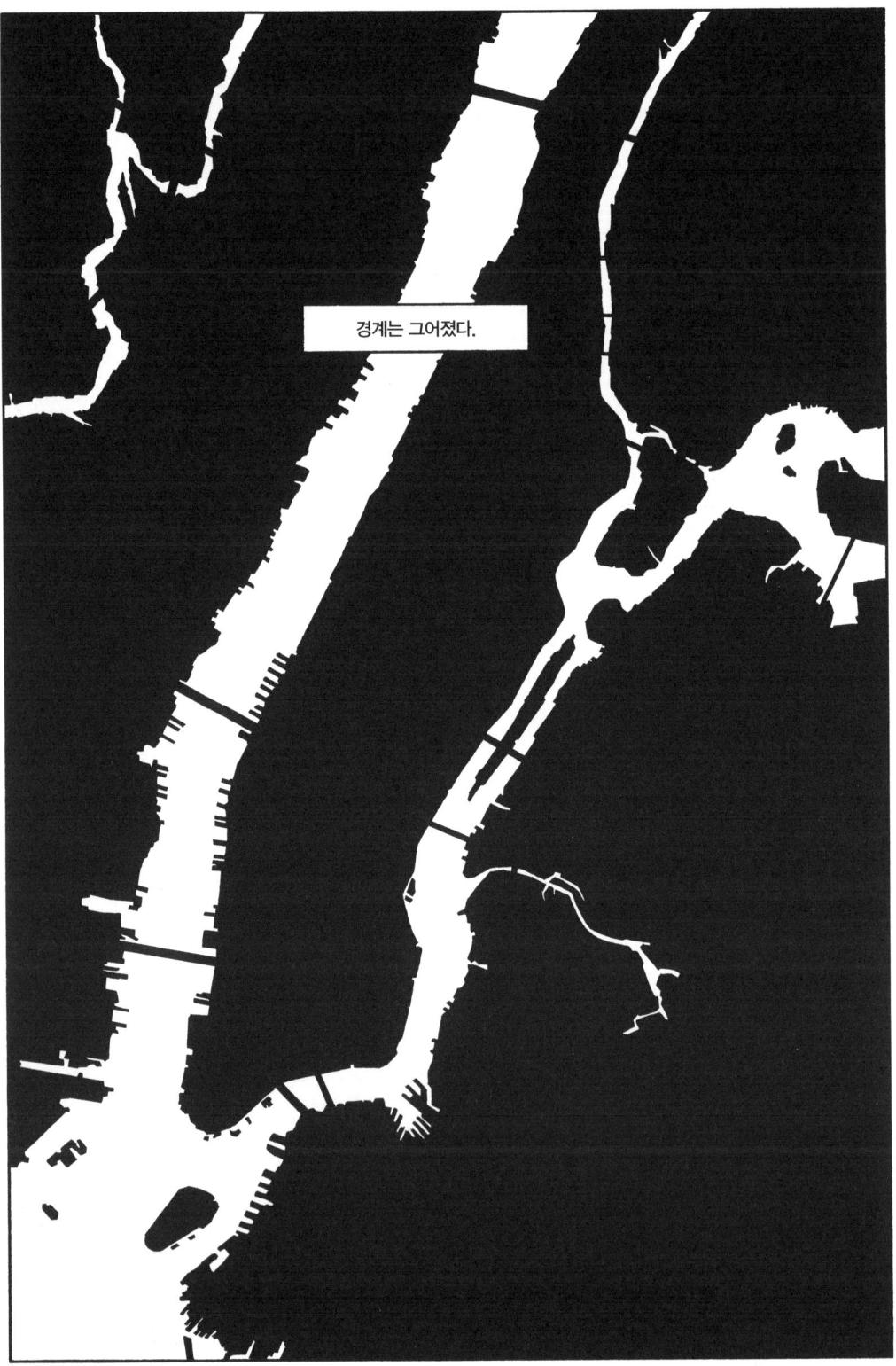

그러나 북반구 나라를 따라잡고자 하는 개발도상국은 성장을 위해 게걸스럽게 에너지를 소비하는 선진국의 에너지 모델을 따라하고 있다.

오늘날 전 세계 인구의 4분의 1이 전기 없이 살아가고 있고, 약 20억 명은 상업적 에너지를 전혀 사용하지 못하고 있다.

그러나 개발도상국 또한 온실가스 배출 증가에서 한 부분을 차지한다.

어떻게 이 모든 시련을 조정할 수 있을까? 북반구와 남반구의 평등한 발전과

온실가스 배출 감축,

그리고 화석연료 고갈문제까지.

프랑스의 네가와트협회*에서는 우리의 수요를 충족시키면서도 에너지 소비를 제어할 수 있는 방안을 연구해 '네가와트 시나리오'를 만들었다.

그중 첫째, '에너지 절약'은 캠페인이나 법규제를 통해 개인이나 사회에서 행해지는 낭비를 막자는 것이다.

둘째, '에너지 효율성 극대화'는 말 그대로 에너지 소비가 큰 물건을 교체해 불필요한 손실을 줄이자는 것이다.

교통수단과 주택, 산업 시설에 적절한 기술을 도입한다면 주목할 만한 성과를 얻을 것이다.

에너지를 절약하고 효율적으로 사용하기만 해도

동일한 만족을 얻으며 에너지 소비량을 5분의 2로 줄일 수 있다.

* 에너지 전문가 100여 명으로 이루어진 단체. 온실가스 감축을 위한 에너지 소비방안을 연구한다.

에너지 통제를 강압이라고 생각할 수도 있는데, 꼭 그렇지만은 않아요. 소비량을 줄이면서도 수요를 충족시킬 수 있는 방법은 얼마든지 있습니다.

교통 분야에서는 대중교통 이용, 자택근무, 카풀 등의 방법이 있다.

자가용의 연비를 리터당 30킬로미터로 제한했을 때 효율적인 에너지 소비가 이루어진다.

난방기 사용규범 마련, 신차 구매보조제 시행, 전자제품 성능제한, 에너지라벨 부착 의무화 등

낭비를 근절합시다

화물운송에서도 기본 방침은 동일하다.

에너지 효율성 극대화, 철도나 수로 이용, 항공기 교통세 부과, 하이브리드 자동차로 교체…….

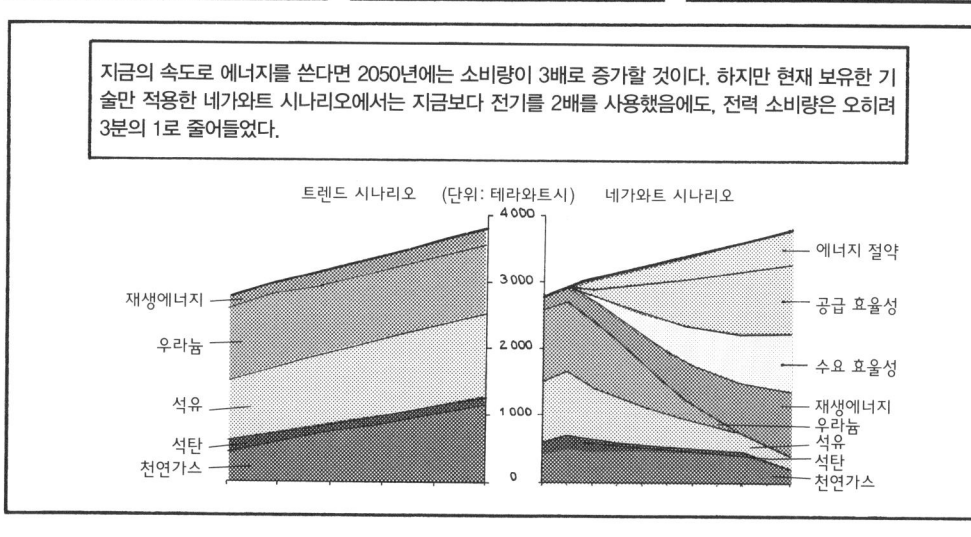

대규모 투자가 이루어지더라도 에너지 제어정책은 사회·경제적 이익을 창출할 수 있다.

일자리가 늘어나고,

에너지 소비가 줄어들면 비용도 절감되기 때문에 생활수준도 높아진다. 경제적으로 많은 도움이 될 것이다.

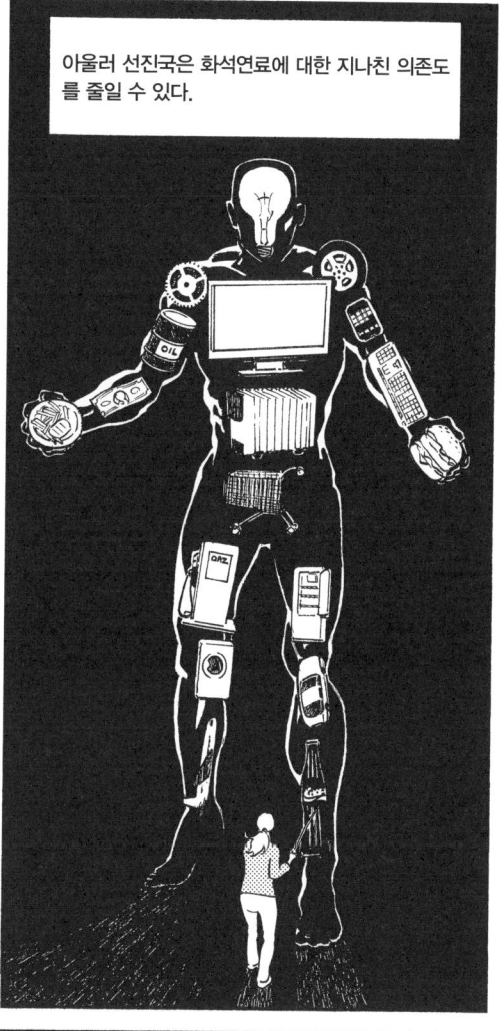

아울러 선진국은 화석연료에 대한 지나친 의존도를 줄일 수 있다.

개발도상국은 지난날의 선진국과 달리 환경을 덜 파괴하면서도 에너지 소비를 늘릴 수 있다.

쉽게 말해 이 시나리오를 따르면 2000년 수준으로 에너지를 소비하면서도,

에너지 소비와 생산 활동에서 배출되는 온실가스를 4분의 1로 줄일 수 있다.

남반구 국가들의 발전을 제약하지도 않으면서.

결국 에너지 제어정책을 따르면 이산화탄소 배출을 2060년까지 1년에 30억 톤으로 줄이는 게 가능하다.

화석연료에 대한 의존을 획기적으로 줄이는 한편,

또한 에너지 제어정책은 에너지 산업계의 시스템을 변화시킬 것이다.

오늘날 에너지 문제에서 선택권은 국민에게 없다. 모든 결정은 국가와 다국적 기업이 한다. 그들은 환경문제보다 경제적 논리를 우선시한다.

그들의 에너지 철학은 인간의 무한한 욕망에 따라 에너지의 생산과 소비를 더더욱 늘려야 한다는 것이다.

그렇다면 그 인간의 욕망이라는 것에 대해 한번 생각해볼 필요가 있다.

우리가 필요한 만큼 충족하고 산다면, 지금처럼 넘쳐날 정도의 에너지는 없어도 되는 것 아닌가?

개인이나 가정, 공공단체가 절약이라는 미덕 아래 필요한 양을 스스로 정해야 한다.

에너지 절약이 습관이 되면 개개인은 스스로의 에너지 소비성향까지 바꿀 수 있습니다. 가령 지붕에 단열을 하게 되지요. 지방자치단체는 소유재산이나 공공조명을 줄일 수도 있겠죠. 실제로 파리 시는 에너지 효율정책을 시행해 전기세를 40%가량 줄였습니다.

에너지를 제어하는 목적은 지금까지 우리에게 강요된 에너지 생산주의를 거부하고 스스로 선택하는 데 있다.

우리는 발전의 중요한 덕목인 절약을 실천하면서 급진적인 정치적 변화를 이루어낼 수 있다.

* Reseau Action Climat. 기후변화에 대항하는 환경단체.

하지만 정치도 반드시 변화해야 한다.

정치권의 태만,

단기적 목표와 지배이데올로기,

경제논리와 개발규제 사이의 불협화음.

환경그르넬*의 내용과 달리, 사르코지 대통령은 코르시카에 저가항공사 공항을 건립하기로 했다.

다른 이야기가 시작됐다. 시작한다는 말도 없이.

몬태나에는 겨울과 봄 사이, 결빙과 해빙 사이에 시간이 멈추는 때가 있다. 이른바, 다섯 번째 계절이다.

이 계절에는 눈은 녹기 시작하지만, 봄이 올 조짐은 보이지 않는다.

땅은 여전히 갈색이다. 그래서 '갈색 계절'이라고도 한다.

* 2007년 사르코지 대통령의 제안으로 개최된 범국가적 환경라운드. 채택된 제안을 바탕으로 프랑스 신환경법(그르넬 환경법)이 탄생했다.

봄을 위해서라도 우유부단함을 끝내야 한다.

우리가 해야 하는 가장 중요한 일은 에너지 제어다. 한시라도 빨리 필요한 정책을 세워야 한다.

변화를 위한 시간이 많을수록, 우리 사회는 이 자발적인 제한을 더욱 빨리 준비할 수 있다. 미래의 충격을 더 많이 줄일 수 있다.

행동하는 데 시간이 오래 걸리면 결과는 참혹해질 수밖에 없다.

그때가 되면 선택이 아닌 시련을 겪어야 한다.

결핍과 불평등의 심화 속에 닥친 시련.

자원고갈과 기후변화에 직면한 우리 사회는 어떻게 대응할 것인가?

분쟁과 자원쟁탈, 독재,

그리고 민주주의의 쇠퇴.

극한의 위기가 닥쳤을 때, 과거의 경험은 준비되지 않은 자들이 겪어야 할 것들의 음울한 그림자를 보여준다.

그리고 다가올 세상이 어떤 모습일지도.

우리는 미지의, 그리고 불안한 세계로 들어간다. 그 세계 속에서 우리는 우리의 가치를 시험받을 것이다.

1930년대 미국에 몰아친 검은 모래폭풍.

2004년 인도네시아를 덮친 쓰나미.

2005년 미국 뉴올리언스를 강타한 허리케인.

끝에 다다르면 어떤가요?

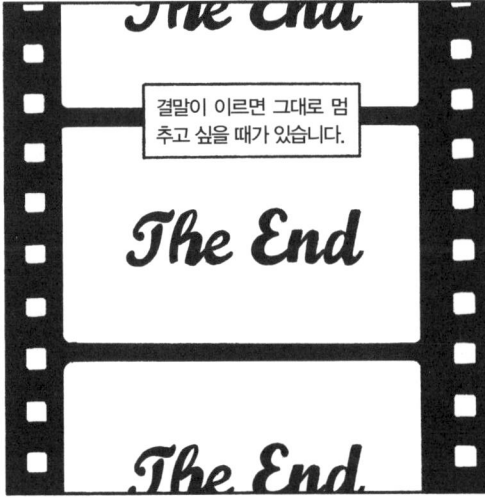

* 블레즈 파스칼의 《팡세》 중.

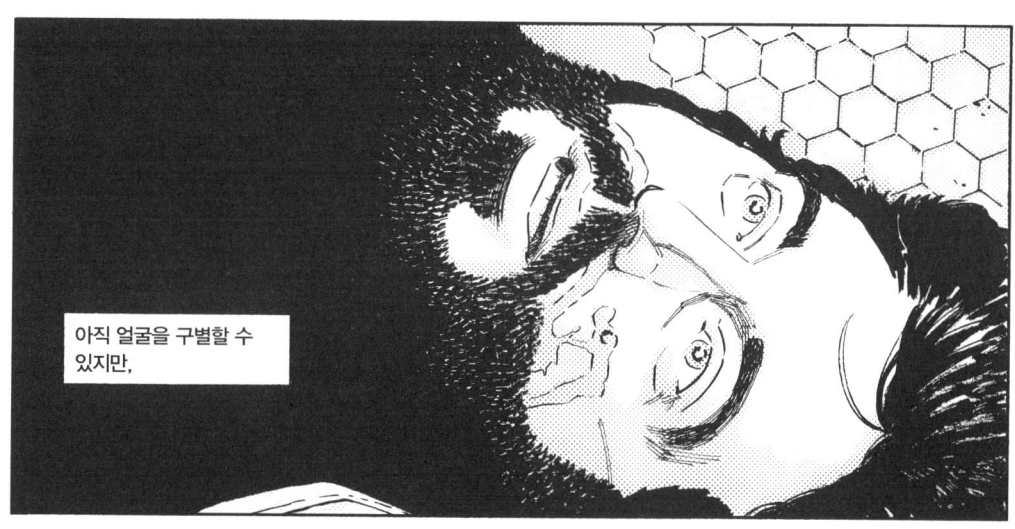
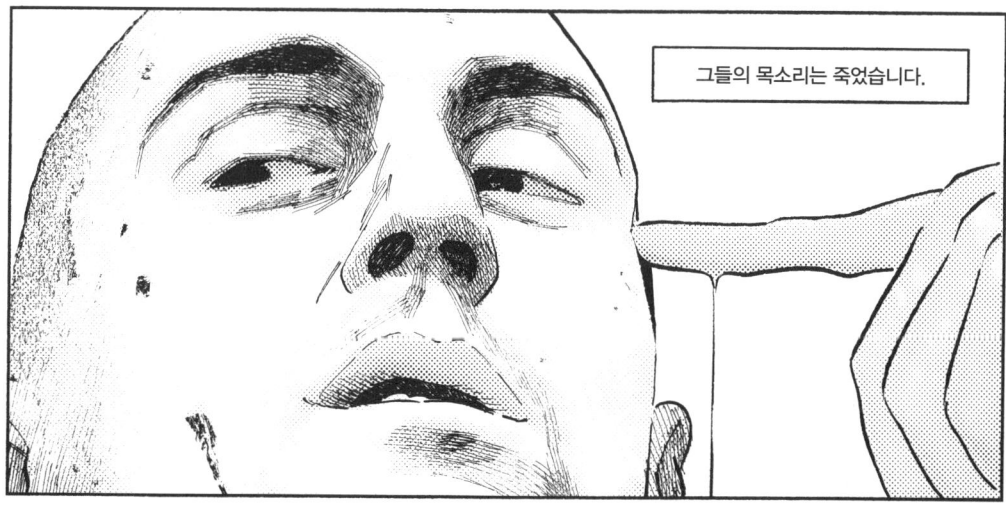

6 개인, 사회 그리고 환경

끝나지 않은 이야기

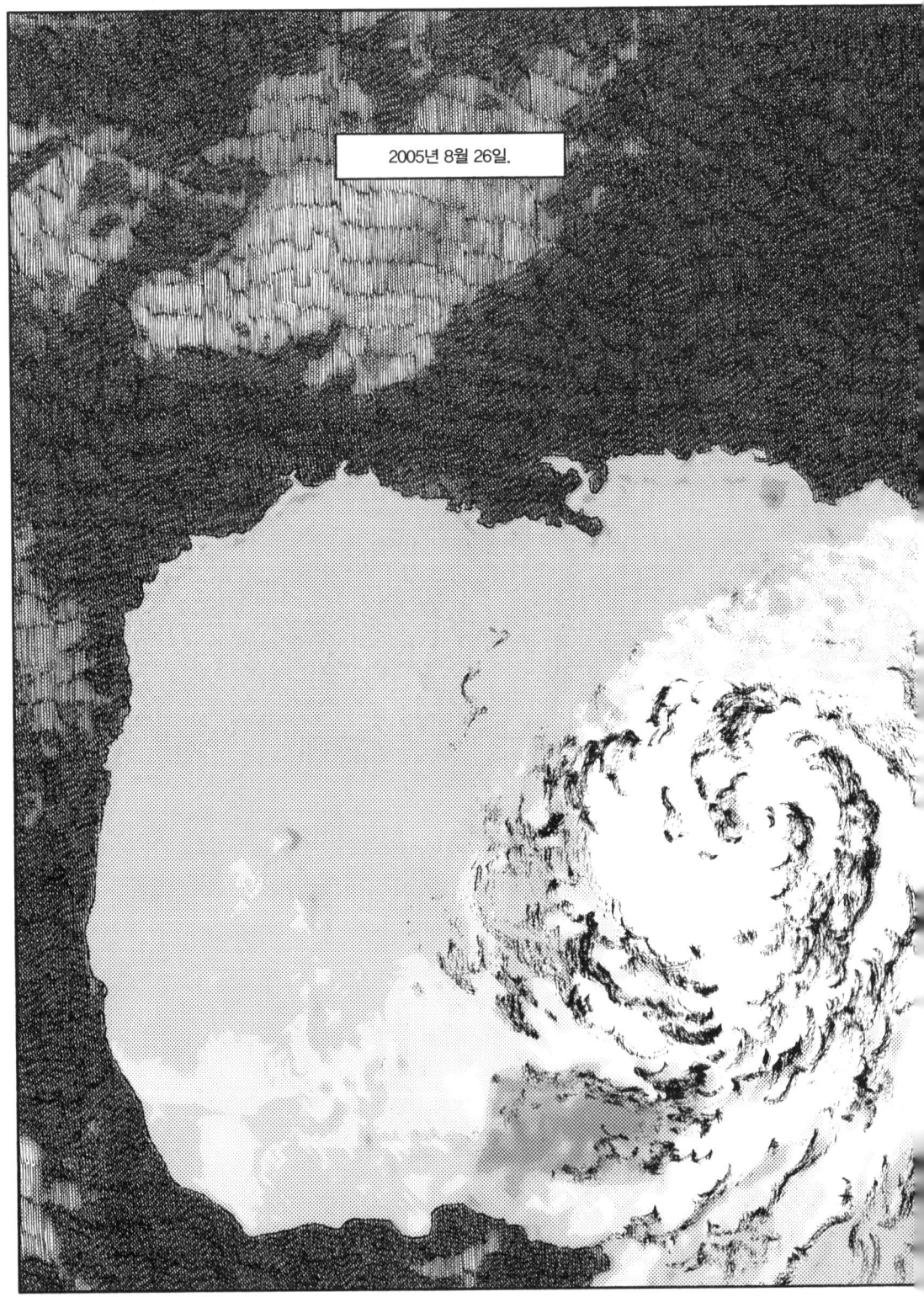

4만 명 이상의 이재민이 도시를 떠났다.

그 와중에 수많은 가족이 서로 다른 주로 흩어지는 일도 발생했다.

9월 3일.

주 방위군이 증원됐고, 경찰과 군인은 이재민들에게 도시를 떠나도록 권고했다.

9월 5일.

이라크에 진출한 할리버튼, 베첼, 케이비알 같은 기업이 입찰경쟁도 없이 연방정부와 34억 달러(약 3조 7,000억 원)에 이르는 재건계약을 체결했다.

9월 6일. 뉴올리언스 시장은 아직 떠나지 않은 이재민에게 강제소개령을 내렸다.

국가비상사태를 선포한 부시 대통령은 루이지애나에 대한 최저임금보장, 생태제약, 차별금지법을 유보했지만, 부자들에게는 세제상의 특혜를 승인했다.

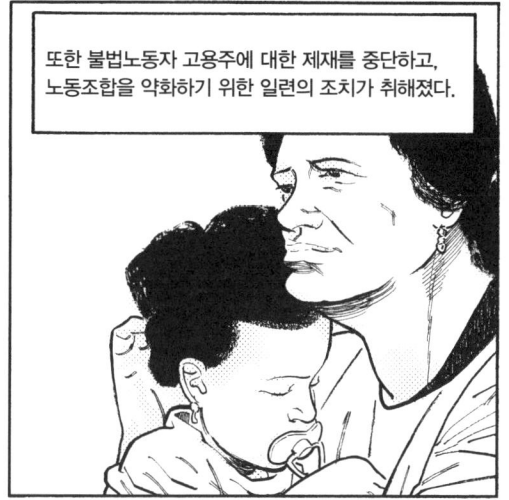

또한 불법노동자 고용주에 대한 제재를 중단하고, 노동조합을 약화하기 위한 일련의 조치가 취해졌다.

9월 10일. 민간보안업체 블랙워터가 도시에 나타났다.

루이지애나 주 정부와 호텔 소유주, 고급주택 거주자들이 그들을 고용했다.

뉴올리언스의 주민들은 미국 각지로 흩어졌다.

《비즈니스 위크》에서는 재건사업으로 혜택을 받게 될 기업 목록을 투자자들에게 제공했다.

그리고 막대한 부동산 독점사업이 시작됐다.

이재민의 3분의 2는 피해보상을 받지 못했다.

보험료는 폭등했고,

은행에서는 그 어떠한 부채상환 연장도 승인하지 않았다.

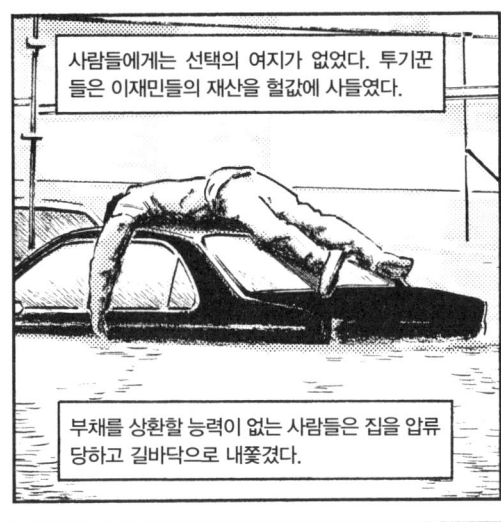
사람들에게는 선택의 여지가 없었다. 투기꾼들은 이재민들의 재산을 헐값에 사들였다.

부채를 상환할 능력이 없는 사람들은 집을 압류 당하고 길바닥으로 내쫓겼다.

부촌에서는 재건사업이 본격적으로 시작됐다. 반면에 빈촌에서는 16만 채나 되는 집이 철거됐다.

2006년 3월. 루이지애나 보건부는 카트리나로 인한 총 사망자 수를 1,293명으로 집계했다.

2006년 1월. 미국연방비상관리국은 허리케인 카트리나로 200만 명이 다른 지역으로 이주했다고 밝혔다.

카트리나가 지나간 지 1년이나 지났지만, 고향으로 돌아가지 못하고 미국 각지로 흩어진 이재민은 수십 만 명이나 됐다. 그들은 헤어진 가족을 되찾기 위해 갖은 노력을 다했다.

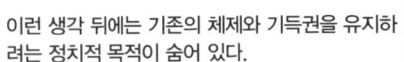

체제의 근본적인 논리를 재검토하지 않고서 기술개발을 하면, 늘 단기적인 목표에 연연할 수밖에 없습니다.

토지와 자원의 안정화, 불필요한 운송 줄이기, 에너지 낭비 막기 등에 대한 구체적인 지표를 마련할 수 없겠죠.

경제가 자연의 순환주기에 영향을 끼치면 자연의 기능에 장애가 발생하게 됩니다. 그러므로 그 부분을 고려해야 합니다.

그리고 어떤 자원을 개발하거나 이용할 때는 이윤이 아닌 생태계의 재생산을 위한 한계 안에서 이루어져야 합니다.

하지만 시장의 논리만으로는 천연자원 채굴이나 온실가스 배출의 제한수준을 규정할 수 없겠지요.

그래서 그런 것들은 정치권에서 조정해야 합니다.

생태계 위기가 우리에게 시사하는 바는 우리의 생산 및 소비 모델에 문제가 있다는 것이다.

월스트리트 패닉

과거 자본주의 체제의 중심부에서 하나의 위기가 발발했다.*

자본주의가 스스로 휘청거리는 순간, 생산 소비모델의 문제점이 드러난다.

달러 가치 폭락, 은행권은 패닉상태

자본주의 체제는 최대한의 이윤을 추구하는 시스템이며, 이를 위해 이윤추구의 저해요소인 임금을 낮추려고 한다. 그러나 이는 노동자의 구매력 하락을 동반해 상품판매를 통한 이윤창출에 문제를 일으킨다. 이것이 자본주의에 내재한 고질적 위기다.

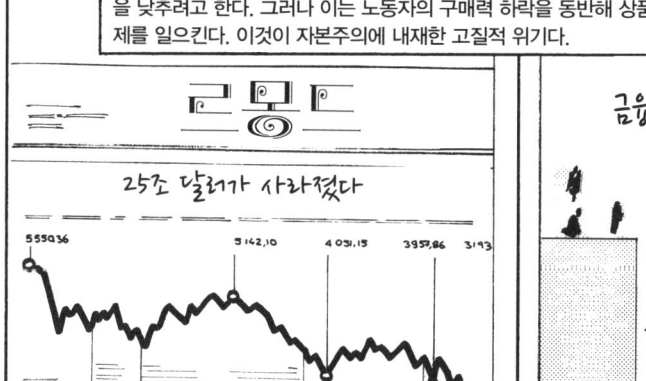

생태계 위기와 자본주의에 내재한 본질적 위기가 동시에 발생하는 것은 시스템과 생활양식이 한꺼번에 변해야 함을 뜻합니다.

그러므로 악의 뿌리부터 잘라내야 합니다. 세계경제를 자신에게 통합시키고 모든 영역에 자신의 논리를 강요하는 금융경제 말입니다.

* 1929년 미국에서 시작된 세계대공황을 뜻한다.

코펜하겐

2009년 12월.

2009 유엔기후변화협약

112명의 각국 정상들이 코펜하겐에서 개최된 유엔기후변화협약에 참석했다. 기후문제에 관해서는 교토에서 치러진 기후변화협약 총회 이후 가장 중요한 자리였다.

하지만 협의는 실패했다.

회담이 개최되기 불과 몇 주 전에 '기후게이트' 파문이 있었다.

영국 이스트앵글리아 대학의 기후연구소 컴퓨터가 해킹돼 수백 개의 이메일이 인터넷에 유출됐다.

'기후학자들이 지구온난화를 주장하기 위해 연구 결과를 조작했다.'고 암시할 목적으로 세심하게 선택된 이메일들이었다.

가장 논란이 된 내용은 연구소장 필 존스가 세계 온도 데이터베이스를 만들 때 '트릭'을 썼다는 것이었다. 그런데 그 트릭이라는 게 나무 나이테 연구에서 도출한 데이터가 아닌 실제 측정한 기온을 쓴 것이었다.

나머지 비난도 다 그만그만하다.

4번에 걸친 독립조사 끝에 기후연구소의 데이터는 조작되지 않았고, 연구원들은 과학적 윤리를 지켰다는 결론이 나왔다.

2010년 1월 〈선데이 타임스〉는 IPCC 보고서에 수록된, 2035년 안에 히말라야의 만년설이 사라진다는 내용이 오류라고 폭로했다.

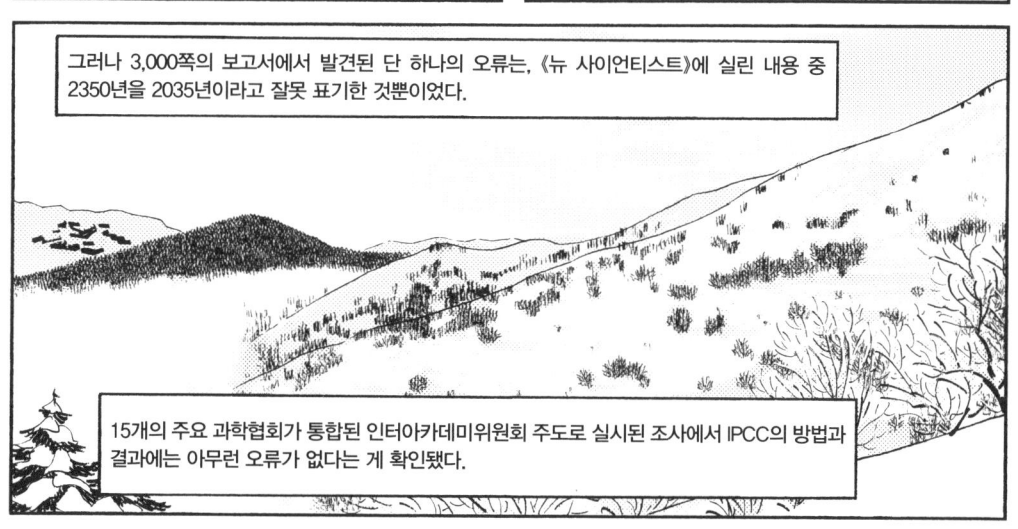

그러나 3,000쪽의 보고서에서 발견된 단 하나의 오류는, 《뉴 사이언티스트》에 실린 내용 중 2350년을 2035년이라고 잘못 표기한 것뿐이었다.

15개의 주요 과학협회가 통합된 인터아카데미위원회 주도로 실시된 조사에서 IPCC의 방법과 결과에는 아무런 오류가 없다는 게 확인됐다.

언론에서 '기후게이트'라 칭한 이 사건은 중상모략에 불과했다.

기후에 대한 논쟁
"지구온난화는 불확실하다."

뜻을 굽히지 않고 서명하다

연구자들의 난투극

하지만 이 사건으로 지구온난화 불신론이 수면 위로 떠올라 하나의 목소리로 자리 잡았다.

인터넷을 통해 확산되고 있는 지구온난화 불신론은 지구의 온도상승이 1998년 이후로 멈췄다고 주장한다.

하지만 그렇지 않다. 1998년에는 엘니뇨 현상이 심했다. 이는 지구온난화가 평년보다 강했음을 의미한다. 이와는 반대로 2008년에는 라니냐 현상으로 지구의 온도가 일시적으로 낮아졌다. 〈르몽드〉의 기자 스테판 푸카르가 지적한 것처럼, 특별히 더웠던 해와 특별히 추웠던 해를 의도적으로 선택해 보여주면 여론은 얼마든지 속일 수 있다.

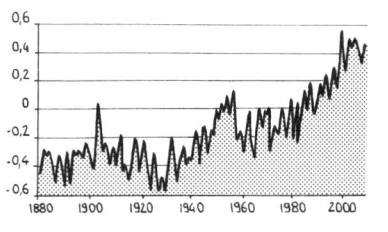
지구온난화란 매년 꾸준히 온도가 상승하는 것을 의미하지 않는다. 20세기 지구의 기온그래프를 보면 상승과 하락이 모두 나타난다. 하지만 결과적으로는 상승이 확실하다.

그리고 2000~2009년은 가장 뜨거웠던 10년으로 관측됐다.

수많은 의사의 선택, 카멜!

프랑스에서는 미국과 달리 지구온난화 불신론자들과 에너지기업 간의 유착관계가 없다.

프랑스에서 지구온난화 불신론은 이데올로기 분쟁, 언론의 위상 추락, 과학적 규범의 역사, 정체성 논란 등을 통해 등장했다.

은퇴한 과학자 클로드 알레그르는 예전에는 존경받았지만, 지금은 언론의 조명을 받아 이득을 볼 생각만 하고 있다.

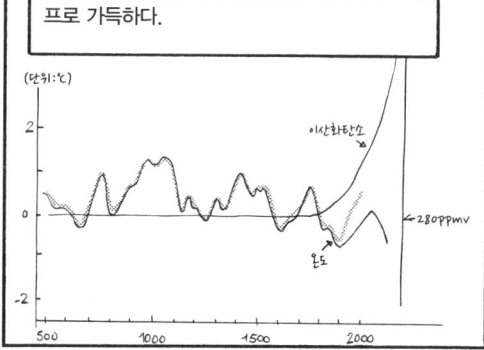
꼼꼼하지 못한 편집자에 의해 출판된 그의 책*은 1만 부 이상이 팔렸지만, 조잡한 과학적 오류는 기본이요, 존재하지도 않는 연구자와 신문기사가 등장한다. 그뿐만 아니라 잘못된 데이터와 그래프로 가득하다.

* 《기후 사기극(L'Imposture climatique)》, 플롱출판사, 2010.

그는 사기행각을 은폐하고 과학적 왜곡을 덮기 위해, 인맥을 총동원해 고지자기학 전문가인 뱅상 쿠르티요 같은 과학자들을 이용했다.

그의 실수, 누락, 조작은 기후문제에 대해 무지한 대학교수들(주로 지리학자들)에 의해 널리 퍼졌다.

지구온난화 불신론자 리스트에는 수학자도 있었다.* 그는 인터넷을 통해서 거짓말과 어림짐작으로 쓴 알테그르의 저작물을 적극적으로 옹호했다.

이 의심스러운 저작물 덕분에 이데올로기적 편견을 공고히 할 수 있었던 미디어 사상가들도 할렐루야를 외치며 한배를 탔다.

부바르는 비료기술에 열광한 자인데, 그 쓰레기더미 위에 앉아 "이것이야말로 진정한 금입니다! 금이에요!"라고 주장했다.

얍!

이렇게 우리의 세계관은 원 안에 갇혀 있다.

* 브느아 리토(Benoît Rittaud)라는 수학자로, 2010년 《기후의 미스테리(le mythe climatique)》의 출판과 함께 블로그에서 기후변화 회의론을 주장했다.

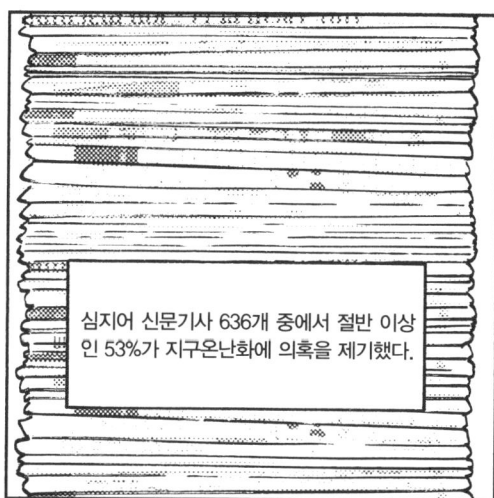
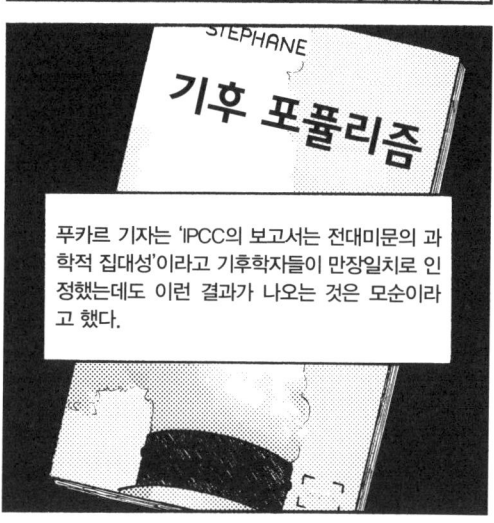

그러나 지구온난화 불신론이 기자들의 전문성 부족 탓이거나 그저 대중의 관심을 끌려는 목적에 의한 것은 아니다.

이데올로기도 문제다.

실제로 시장의 보이지 않는 손이 환경을 침해하고 있다.

또한 오늘날의 경제시스템에 환경파괴가 따른다는 사실을 막기 위해

자유경제시장은 물불을 가리지 않을 것이다.

* 지구온난화 방지를 위해 화석에너지 사용량에 따라 부과하는 세금.

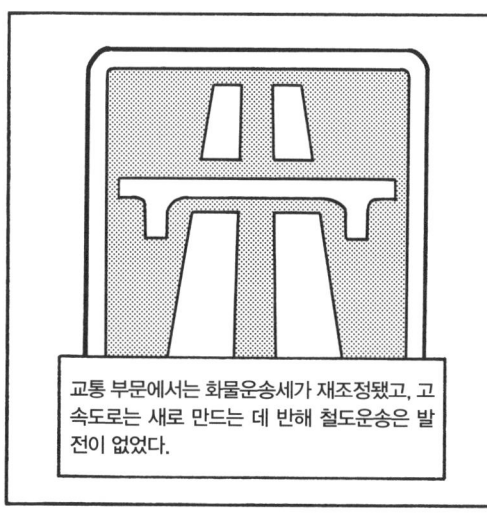
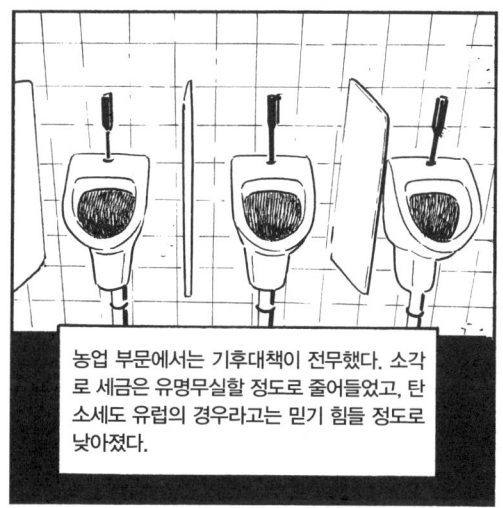

* 사르코지 정부의 환경세 도입은 인건비를 인하시키는 효과가 있었다.

앞으로 자주 나타날 문제는 주로 환경운동 진영과 사회운동 진영 사이에 존재하는 단절입니다. 환경운동 진영은 사회문제에 별 관심을 두지 않고 있으며, 사회운동 진영은 환경문제를 부차적인 문제로 생각하기 때문이죠.

진보진영에는 매우 중요한 걸림돌이 될 겁니다.

과학기술로 인해 미개에서 문명으로 인류가 진보했다는 사상이 있습니다.

일부 진보진영과 마르크스주의가 그것을 이어받았죠.

이러한 사회진화론자의 시각에서는, 생산력증대 야말로 인간해방의 핵심적인 역할을 담당한다.

심지어 자본주의조차도 생산력증대를 이끌어내기 때문에 중요한 진보의 방법으로 간주한다.

그래서 생산제한의 요구를 반동적이라고 여깁니다. 인간의 역사와 문명의 진보가 곧 생산력의 발전을 의미한다고 보기 때문이에요.

사회민주주의는 마르크스주의보다는 덜하기는 합니다만, 근본적으로는 같은 생각이죠. 언제나 성장을 옹호합니다.

사회민주주의에서 진보란 부의 분배를 의미한다. 그래서 경제성장이 없으면 사회정의를 구현할 수 없다고 믿는다.

그들에게 중요한 건 총량이에요. 파이가 커야 나눌 수 있는 양도 많아지니까요.

사회민주주의적 사고에서 과잉생산은 문제가 아니다. 그 말은 부가 독이 아니라는 의미 아닐까?

우려되는 점이 있어요. 1970년대만 하더라도 생산제일주의나 경제모델에 대한 문제제기가 많았거든요. 하지만 지난 수십 년간 싹 사라졌습니다.

2000년 이후에야 다시 나타났죠. 하지만 그 30년 동안 신자유주의 정책은 문제를 크게 만들어버렸습니다. 그 문제들을 다루었어야 했는데 말이죠.

IPCC의 마지막 보고서가 발표되고, 교토의정서 연장을 위한 국제회의가 있었지만

정작 기후변화의 폭주를 막으려는 시도는 아무것도 없었다.

이산화탄소 배출량 경보

2008년, 기온측정 이래 10번째로 더웠던 해

최신연구들은 온실가스 배출량이 계속해서 증가하고 있다고 알린다.

동남미의 미래기후에 경종을 울리는 연구발표

마치 IPCC 최악의 시나리오를 뛰어넘기라도 하려는 듯.

배출량이 증가한 원인 중 하나는 경제 부문에서 탄소배출량 규제의 실효성이 낮아진 데에 있다.

돈만 벌 수 있다면 얼마든지 더 많은 탄소를 배출하겠다는 식이라는 것이다.

실효성을 떨어뜨린 주범은 중국에서 건설된 엄청난 양의 화력발전소다.

여전히 증가하는 탄소배출량

보고: 지구의 생태계는 위험에 빠졌다

또한 생물의 천연탄소 정화능력이 감소한 것도 배출량이 증가한 원인이다.

인간이 배출한 탄소를 정화하는 데 예전보다 더 많은 시간이 걸리고 있다.*

배출량 증가뿐만 아니라, 지구온난화로 인한 충격도 예측했던 것보다 더 빨라졌다.

기후시스템은 우리 사회의 발전을 가능케 한 수준에서 벗어났다.

* 전문가들은 앞으로 8~10년 동안 대기 중 이산화탄소 농도가 400ppmv 이하로 떨어지지 않을 것이라 예상한다.

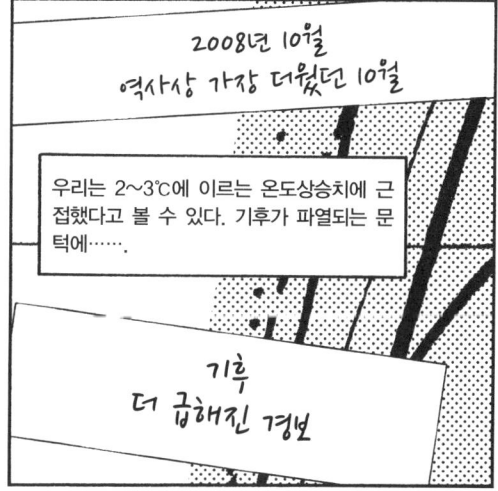

* 제2차 세계대전 이후의 30년(1945~1975). 경제활성화와 신기술 도입으로 급속히 경제가 발전한 시기.

* 2010년 한국의 1인당 이산화탄소 배출량은 11.4톤으로, 경제협력개발기구 평균인 10.1톤보다 높았다.

* 프랑스의 조각가이자 정치인. 1920년 노벨평화상을 수상했다.

그는 이야기했다. "홀로 고립된 개개인은, 존재하지 않는 것과 마찬가지다."

레옹 부르주아와 연대주의자들은, 사회조직보다 개인을 우선시한 자유주의 신조에 반대했다.

그들은 사회에서 개인이 태어나며, 사회를 바탕으로 개인이 성장한다고 확신했다.

니콜라 드라랑드*는 인간을 '상호의존적 존재'로 보았다. "인간은 서로에게 빚을 지고 있으며 세대 차원에서도 마찬가지로 전 세대와 후 세대에 빚을 진 존재"라고 말했다.

사회적 의무, 예를 들어 납세는 국가에 돈을 뺏기는 것이 아니라 우리가 받은 사회적 서비스에 대한 빚을 갚는 일이다.

그러므로 사회국가야말로 개인의 자유가 현실화될 수 있는 터전이 된다.

* 프랑스의 역사학자. 국가, 사회운동, 재분배 등에 대해 연구한다.

* 같은 집단, 단체에 속한 개인들은 공통된 특성을 갖는다는 개념.

* 인간의 생활에 소비되는 자원을 생산하고 폐기하는 데 드는 비용을 토지면적으로 환산한 지수.

* 프랑스 제19대(1969~1974) 대통령. 총리 재임 시절, 센 강 오른쪽 기슭을 따라 총 13킬로미터로 이어지는 고속도로를 완성했다.

방향을 제시하고 긍정적으로 결말을 지으려는 마음은 이해한다.

하지만 가슴에 손을 얹고 말하는데, 나는 다음의 세 가지를 확신한다.

하나, 출구는 있다.

기술적으로, 기후변화로 인한 최악의 상황을 피할 가능성은 아직 있다. 그리고 피할 수 없는 현상에 대한 대비책도 마련할 수 있다.

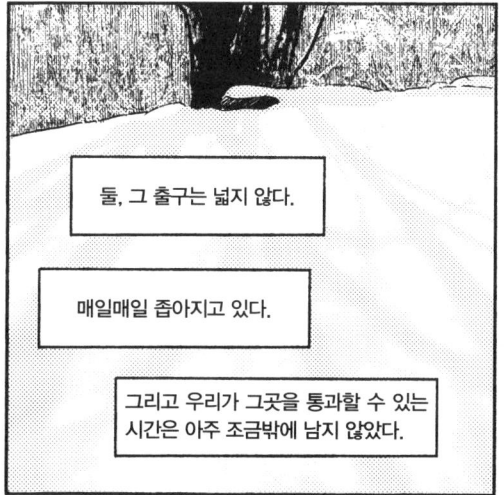

둘, 그 출구는 넓지 않다.

매일매일 좁아지고 있다.

그리고 우리가 그곳을 통과할 수 있는 시간은 아주 조금밖에 남지 않았다.

셋,

그럼에도 우리는 행동하지 않을 것이다.

그리고 누가 알겠는가.

내가 틀렸는지.

이야기는 아직 끝나지 않았으니까.

에필로그

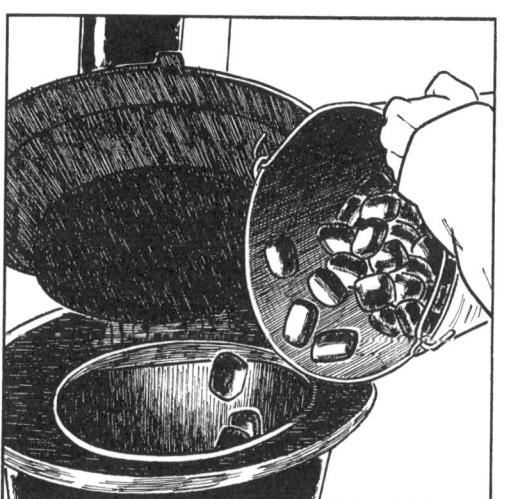

이 기사 읽었어?

어떤 기사?
지구생태용량 초과의 날에 대한 기사.

무슨 날?
지구생태용량 초과의 날.
생태발자국을 적용한 계산이야.

* 2013년의 지구생태용량 초과의 날은 8월 20일이었다.

에필로그 487

당신 영화감독 우디 앨런이 한 이 말 알아? "마지막을 희망의 메시지로 끝내고 싶습니다. 하지만 내겐 희망의 메시지가 없군요. 대신 절망의 메시지라면 2개라도 줄 수 있는데, 괜찮겠소?"

당신 책 그렇게 끝낼 거야?

설마……

에필로그

용어설명

교토의정서 1997년 일본 교토에서 개최된 '기후변화협약 제3차 당사국총회'에서 채택된 의정서로, 2012년까지 1990년 기준 5.2%의 온실가스를 감축하기로 합의한 것이다. 감축대상은 지구온난화를 유발하는 6개 온실가스(이산화탄소, 메탄, 아산화질소, 과불화탄소, 수소화불화탄소, 불화유황)이며 선진국은 의무적으로, 개발도상국은 자발적으로 이행토록 했다. 당시 의무 이행 대상국은 미국, 유럽연합(EU), 일본, 캐나다 등 총 37개국이었는데, 이산화탄소 최대 배출국인 미국이 자국의 산업보호를 이유로 2001년에 탈퇴하여 유명무실한 협약이라는 비판을 받기도 했다. 한국은 개발도상국으로 분류되어 의무이행 대상국이 아니었으나, 2009년 자발적으로 나서 2020년까지 온실가스를 30% 감축하겠다고 국제사회에 선언했다.

2012년, 기후변화에 관한 새로운 국제적 논의가 진전되지 않자 교토의정서는 제18차 유엔기후변화협약 당사국총회에서 2020년까지 연장되었다. 6개 온실가스를 1990년 기준으로 25~40% 감축하기로 수정했으며, 의무이행 대상국은 유럽연합을 비롯한 37개국이다. 그러나 미국, 중국, 러시아, 일본 등 주요 온실가스 배출국은 불참했다. ⇒ 40쪽

국가적 차원의 위기 Grande Cause Nationale 프랑스에서 1977년 이래로 매년 국무총리의 주관 아래 선정되는 사회적 문제를 이른다. 텔레비전이나 라디오 등을 통해 캠페인을 벌인다. ⇒ 41쪽

국제에너지기구IEA: International Energy Agency 경제협력개발기구(OECD) 산하의 에너지집단 안보체제. 주요 석유소비국에 의해 1974년에 설립되었다. 산유국과 소비국 간 협력을 도모하며 대체에너지 개발, 에너지정책 등을 협의한다. 한국은 2002년에 가입했다. ⇒ 364쪽

기후변화적응 2001년도에 발간된 IPCC 제3차 보고서에 수록된 이후 본격적인 논의가 시작되었다. 기후변화에 대해 적극적으로 대처해 피해를 줄이고, 나아가 새로운 발판을 마련하자는 취지다. 한국에서는 국가기후변화적응센터에서 담당하고 있다. ⇒ 299쪽

네가와트NegaWatt 전력 단위인 메가와트(megawatt)와 네거티브(negative)를 합성한 단어. 전기발전량을 늘리지 않고 절전이나 에너지 효율향상 등을 통해 얻는 잉여에너지를 뜻한다. 즉, 생활과 산업 속에서 버려지는 에너지를 네가와트라 한다. 참고로 '네가와트 발전'은 에너지 절약으로 생긴 잉여에너지를 이용해 수익을 창출하는 선진국형 친환경 사업을 이른다. ⇒ 387쪽, 389쪽

멕시코 만류gulf stream 북대서양의 북아메리카 연안을 따라 북쪽으로 흐르는 세계 최대의 난류. 멕시코 만에서 대서양을 횡단하여 유럽 서북 해안을 따라 흘러 북극해에 이른다. 멕시코 만류는 수심 약 800미터까지 영향을 미치며 고온, 고염분이다. ⇒ 130쪽

라니냐la Niña **현상** 엘니뇨 현상과 대비되는 것으로, 적도의 무역풍이 강해져 동태평양의 해수면 온도가 평년보다 낮은 상태로 지속되는 이상저온 현상을 말한다. 스페인어로 '여자아이'라는 뜻이다. ⇒ 434쪽

석유환산톤Ton of Oil Equivalent 석탄, 원자력, LNG 등 지구상에 존재하는 모든 에너지원의 발열량을 석유의 발열량으로 환산한 것. 이를 통해 서로 다른 에너지 자원의 사용량 등을 비교할 수 있다. 단위는 TOE이며, 1TOE는 석유 1톤을 태울 때 생기는 에너지를 뜻한다. ⇒ 345쪽

세계기상기구WMO: World Meteorological Organization 국제기상기구(IMO)의 후속기구로, 1950년에 설립되었다. 지구적인 현상인 기상을 관측하기 위해 각국의 협력을 도모하고, 국가 간 정보교환과 국제표준을 구성·조정한다. ⇒ 99쪽

엘니뇨el Niño **현상** 무역풍이 약화되면서 적도의 수온이 높아져 동태평양의 페루와 에콰도르 연안에 난류가 흘러드는 이상고온 현상을 말한다. 스페인어로 '남자아이'라는 뜻이다. ⇒ 434쪽

온실가스greenhouse gas 태양과 지구의 복사열을 차단하여 온실효과를 일으키는 기체. 이산화탄소, 메탄, 아산화질소, 수소불화탄소, 과불화탄소, 육불화황 등이 있다. ⇒ 59쪽

온실효과greenhouse effect 대기 중의 수증기, 이산화탄소, 오존 등이 온실의 유리나 비닐 같은 역할을 하여 지구의 표면온도를 높이는 현상. ⇒ 58쪽

우산효과umbrella effect 대기 중에 부유하는 에어로졸(미립자)이 태양광선을 막아 지구의 기온상승을 억제하는 현상. ⇒ 58쪽

유엔환경계획UNEP: United Nations Environment Programme 1972년에 설립. 유엔의 산하기구로 지구의 환경문제를 전담한다. ⇒ 99쪽

지구온난화 지구의 평균온도가 상승하는 현상. 생태계 혼란을 초래하고 기상이변 및 자연재해를 일으키며, 빙하가 사라지고 해수면이 상승하는 등 지구의 환경을 변화시킨다. 지구의 기온상승은 과거에도 있었으나, 현대에 들어 지구온난화라 불리는 현상은 산업화로 인한 온실가스 증가 때문이다. ⇒ 115쪽

지속가능한 발전 미래세대에게 피해를 입히지 않으면서, 현재의 필요를 충족하자는 개념. ⇒ 302쪽

재생에너지 석유, 석탄 등의 화석연료나 원자력과 달리 거의 무한대로 쓸 수 있는 에너지로 태양열, 태양광, 바이오에너지, 풍력, 지열 등이 속한다. 환경을 오염시키지 않으며 인체에 무해한 대체 에너지로 주목받고 있지만 아직까지는 실용성이 낮다. ⇒ 340쪽

탄소배출권거래제 오염물질인 온실가스(탄소)를 감축하기 위한 제도로, 국가나 산업시설의 온실가스 배출 할당량을 미리 정한 뒤, 여분이나 부족분을 국가 또는 기업 간에 거래할 수 있도록 한 것이다. 유럽연합 국가를 비롯해 뉴질랜드, 카자흐스탄 등이 시행하고 있다. 우리나라는 저탄소녹색성장 기본법에 근거해 2012년 '온실가스 배출권의 할당 및 거래에 관한 법률'을 제정했으며, 2014년에 기업별 배출량 허용치를 정한 후 2015년부터 시행할 예정이다. ⇒ 43쪽

탄소환산톤Ton of Carbon Equivalent 온실가스의 양을 탄소를 기준으로 환산한 것. 단위는 TC. ⇒ 172쪽

IPCCIntergovernmental Panel on Climate Change 기후변화에 관한 정부 간 협의체. 1988년 유엔(UN)의 산하기구인 유엔환경계획(UNEP)과 세계기상기구(WMO)의 주도로 설립되었다. 전 세계 수많은 과학자가 참여하고 있으며, 2014년 기준으로 195개국이 회원국으로 가입했다. 기후문제에 관한 과학적·사회경제학적 최신 연구동향을 정리하고 있으며, 국제사회로부터 기후문제의 해결을 위한 노력을 인정받아 2007년 노벨평화상을 수상했다. ⇒ 99쪽

450ppm 시나리오 IPCC가 제시한 기후변화 예측 시나리오로, 2030년까지 지구의 온도상승을 2℃ 이내로 억제하는 방안을 담고 있다. '커미트먼트(Commitment) 시나리오'라고도 한다. ⇒ 122쪽

찾아보기

ㄱ
- 가뭄 105, 171, 182, 261, 266, 271
- 강수량 180
- 개발도상국 210, 229, 269, 366, 381, 382, 384, 391, 449, 470
- 공동체 의식 307, 456, 463
- 과시경쟁 453
- 교토의정서 40, 43, 469
- 교통수단 198, 212, 388, 457, 467
- 국제분쟁 292
- 그린란드 56, 115, 131, 218, 253, 451
- 금융자유화정책 426
- 기상이변 106, 170, 180, 194, 252, 260
- 기후분석모델 109, 118, 169, 180
- 기후난민 254, 260, 263
- 기후변화적응 299
- 기후연구소 432
- 기후 예측 시나리오 122
- 기후 예측 시뮬레이션 109

ㄴ
- 남극 219, 451
- 네가와트 시나리오 387
- 녹색자본주의 351, 443, 465, 473
- 농업 온실가스 배출 226
- 니콜라 사르코지 398, 439, 445, 473

ㄷ
- 대기권 59
- 대중운동연합(UMP) 42
- 대체에너지 340, 389

ㄹ
- 라니냐 현상 434
- 레옹 부르주아 463
- 르네 파세 425

ㅁ
- 마르크스주의 447
- 만년설 216, 261
- 메탄 63, 72, 144
- 메탄 수화물 144
- 멕시코 만류 109, 130
- 멸종 276

ㅂ
- 바이오연료 346
- 벌채 229
- 베르나르 라퐁슈 360
- 북극 169, 218, 451
- 불평등(국제적) 263, 289, 293, 383, 455
- 불평등(사회적) 289, 452, 455
- 빙기와 간빙기 55
- 빙하 58, 63, 143

ㅅ
- 사헬지대 171, 181
- 사회주의 447
- 산업시설 온실가스 배출 201
- 생물다양성 276
- 생산제일주의 447, 466
- 생활시설 온실가스 배출 222, 389
- 석유 191, 328, 332, 334, 336, 346, 362, 366, 381, 383, 389, 393
- 석탄 70, 190, 192, 214, 223, 324, 331, 332, 338, 381,

389, 450
· 세계대공황 431
· 소비생활 259, 272, 280, 283, 301, 424, 429, 453
· 소스타인 베블런 453
· 수력발전 341
· 수소에너지 358
· 수증기 66, 136
· 슈퍼피닉스 371
· 스리마일 섬 원전사고 360, 368
· 스테판 알르가트 253
· 스테판 푸카르 434, 437

◎
· 아메리카 106, 168, 170, 181, 196, 328
· 아산화질소 75, 226
· 아시아 168, 170, 180, 182, 205, 261, 268, 328, 341
· 아프리카 105, 168, 171, 174, 180, 182, 205, 217, 261, 266, 268, 270, 292, 294, 328, 341
· 양성 피드백 136
· 에너지 생산 190
· 에너지 제어정책 385, 393
· 에르베 르트루 57, 100
· 에르베 캠프 100, 126, 359
· 엘니뇨 현상 109, 434
· 엘렌 가생 330
· 연대주의 464
· 영구동토층 144, 295
· 오스트레일리아 168, 170, 181
· 오존 77
· 온실가스 59, 62, 172, 191, 284
· 온실가스 배출량 172
· 우라늄 363, 366, 372, 389
· 원자력발전 191, 192, 193, 214, 333, 360, 361, 374, 389, 393, 441, 473
· 위생문제 268
· 유럽 43, 105, 168, 170, 174, 180, 182, 205, 213, 268, 328, 329, 341, 343, 360, 362, 441

· 유럽연합 43, 122
· 이산화탄소 63, 68, 83, 108, 137
· 이산화탄소 포집저장 359

㉢
· 자유주의 458
· 자크 시라크 39
· 장 마르크 장코비시 57, 81, 99, 147, 209
· 장마리 아리베 424
· 장 주젤 58, 63, 99, 169
· 재생에너지 191, 333, 340, 343, 389, 393
· 전기 생산 192
· 조지 부시 283
· 조지 부시 2세 411, 413, 416
· 주느비에브 아잠 424
· 지구온난화 불신론 432
· 지구의 기후 52
· 지구정상회의 41
· 지열발전 348
· 진보진영 446

㉲
· 천연가스 73, 144, 190, 206, 325, 331, 333, 363, 381, 389
· 체르노빌 원전사고 360, 368

㉯
· 카트리나(허리케인) 407
· 코르넬리우스 카스토리아디스 459

㉠
· 탄소 포집·저장 359, 365
· 탄소배출권거래제 43, 459
· 탄소세 439
· 탄소환산톤 4, 71
· 태양에너지 53, 60
· 태양열발전 344

· 태풍 106, 194

(ㅍ)
· 폭염 46, 105
· 풍력발전 342
· 프레온가스 80
· 피크오일 329

(ㅎ)
· 해빙 143, 216, 252
· 해수면 상승 130, 219, 252, 260
· 핵폐기물 360, 370, 373
· 홍수 255, 260, 271, 414
· 화석연료 70, 76, 147, 190, 192, 289, 324, 328, 343, 382, 391, 429
· 환경그르넬 398, 440

(기타)
· G8 123
· IPCC 평가보고서 103
· IPCC(기후변화에 관한 정부 간 협의체) 99
· ITER 367
· 1인당 온실가스 배출량 173
· 1인당 온실가스 제한목표량 205

관련기관 사이트

국내
- 국가기후변화적응센터 _ http://ccas.kei.re.kr
- 기상청 기후변화정보센터 _ www.climate.go.kr
- 환경부 기후변화홍보포털 _ www.gihoo.or.kr
- 기후변화행동연구소 _ www.climateaction.re.kr
- 에너지관리공단 기후인사이트 _ www.climateinsight.or.kr
- 기후변화센터 _ www.climatechangecenter.kr
- 녹색연합 _ www.greenkorea.org
- 환경운동연합 _ www.kfem.or.kr
- 환경법률센터 _ www.ecolaw.or.kr
- 시민환경연구소 _ http://cies.kfem.or.kr
- 환경정의 _ www.eco.or.kr
- 에너지시민연대 _ www.enet.or.kr
- 환경교육센터 _ www.edutopia.or.kr
- 환경보건시민센터 _ www.eco-health.org
- 여성환경연대 _ http://ecofem.or.kr

해외
- 기후변화에 관한 정부 간 협의체(IPCC) _ www.ipcc.ch
- 유엔기후변화협약(UNFCCC) _ www.unfccc.int/2860.php
- 유엔환경계획(UNEP) _ www.unep.org
- 국제에너지기구(IEA) _ www.iea.org
- 세계기상기구(WMO) _ www.wmo.int
- 생물다양성협약(CBD) _ www.cbd.int/cop9
- 세계은행(World Bank) 기후변화포털 _ www.worldbank.org/en/topic/climatechange
- 350.org _ www.350.org

**만화로 보는
기후변화의 거의 모든 것**

우리는 뜨거운 세계에 살게 될까? '훨씬 더' 뜨거운 세계에 살게 될까?

초판 1쇄 발행 2015년 1월 19일
초판 3쇄 발행 2017년 9월 20일

지은이	필리프 스카르조니
옮긴이	해바라기 프로젝트
펴낸이	김한청
편집	원경은
마케팅	최원준, 최지애, 설채린
표지디자인	땡스북스 스튜디오
본문디자인	김성인

펴낸곳	도서출판 다른
출판등록	2004년 9월 2일 제 2013-000194호
주소	서울시 마포구 동교로18길 13(서교동, 세원빌딩 2층)
전화	02-3143-6478
팩스	02-3143-6479
블로그	http://blog.naver.com/darun_pub
트위터	@darunpub
이메일	khc15968@hanmail.net
ISBN	979-11-5633-035-6 03450

- 잘못 만들어진 책은 구입하신 곳에서 바꾸어 드립니다.
- 값은 뒤표지에 있습니다.
- 이 도서의 국립중앙도서관 출판시도서목록(CIP)은 서지정보유통지원시스템 홈페이지(http://seoji.nl.go.kr)와 국가자료공동목록시스템(http://www.nl.go.kr/kolisnet)에서 이용하실 수 있습니다.
(CIP제어번호: CIP2014037725)